W0187047

Dossier Gillian Anderson

Marc Shapiro

Dossier Gillian Anderson

La biographie non autorisée

Traduit de l'américain
par Evelyne Châtelain

Éditions J'ai lu

Titre original :

THE ANDERSON FILES :
THE UNAUTHORIZED BIOGRAPHY OF GILLIAN ANDERSON
This edition published by arrangement with
The Berkley Publishing Group, a member of Penguin Putnam Inc.

Copyright © 1997 by Marc Shapiro
Pour la traduction française :
© Éditions J'ai lu, 1997

Remerciements

Effectuer les recherches pour cet ouvrage, c'était un peu comme se retrouver au beau milieu d'un épisode d'*Aux frontières du réel*. En fait, ce fut une longue histoire.

J'ai tout d'abord essayé de contacter Gillian Anderson par l'intermédiaire de son agent. Trois appels et trois messages restèrent lettre morte. Après le dernier message, je trouvai enfin un nom et un numéro sur mon répondeur en rentrant chez moi. Un nom, un numéro, pas plus. Je rendis l'appel, mais l'agent était sorti et ne pouvait pas me répondre. Pendant la quinzaine qui suivit, je laissai une bonne dizaine de messages, en vain.

J'essayai de me mettre en contact avec le mari d'Anderson, Errol Clyde Klotz, sur son lieu de travail où je laissai un nouveau message, puis un autre, quelques jours plus tard. Klotz me rappela. Je lui expliquai donc que je voulais écrire la biographie de son épouse, mais que je ne voulais pas d'un travail bâclé et qu'il me fallait donc une interview. Il me répondit qu'il y réfléchirait et me rappellerait. Deux heures plus tard, le téléphone sonna et un de ses assistants anonymes me déclara que son patron ne voulait pas prendre part à ce projet.

Sans me décourager, je me mis en contact avec le FBI pour avoir l'opinion de l'équivalent du « bureau des affaires non classées » sur le personnage incarné par Gillian Anderson. Une voix anonyme refusa de me donner la moindre information en répondant de manière énigmatique que le FBI avait ses troupes « bien en main ».

Gordon Edelstein, le metteur en scène d'Anderson dans la pièce *The Philanthropist,* répondit à mon appel. Il acceptait de me rencontrer, mais seulement si Gillian lui en donnait l'autorisation. « Bon, eh bien, il appellera sûrement quand les poules auront des dents ! » pensai-je. Pourtant, quelques jours plus tard, je reçus sa réponse : « Gillian est d'accord. » Je croyais avoir décroché la lune !

Je continuai à avoir de la chance, un auteur-réalisateur en déplacement en Ecosse revint juste à temps pour m'offrir les souvenirs de sa collaboration avec Anderson sur le documentaire *Spies Above*. Un autre metteur en scène appela à son retour de vacances pour me dire qu'il allait contacter Anderson avant de me parler de son travail avec l'actrice sur la série de la BBC, *Future Fantastic*. Lui aussi rappela quelques jours plus tard pour me dire qu'il n'avait pas eu de nouvelles de Gillian ni de son agent, mais qu'il était toujours d'accord. D'autres Gorge Profonde et M. X commencèrent à sortir de l'ombre, chacun avec sa pièce du puzzle. Je remercie donc Ric Murphy, Lynne Meadows, Ronald Guttman, Tim Choate, Lou Puopolo, Fred Heimstra, Fred Dreher, Catherine Dreher, Scott Turkel, Mike Kuhn, Gavin Blair, Martha Ostertag, Kurt Sayenga, David McNab, John Khouri et David Fedshuh.

Et bien sûr, je dois beaucoup à toute une série de journaux et magazines parmi lesquels *For Him Magazine*, *Dreamwatch*, *Sci-Fi Universe*, *Starlog*, *Starburst*, *Entertainment Weekly*, *TV Guide*, *Rolling Stone*, *People*, *US*, *Sydney Morning Herald*, *Sydney Sunday Telegraph*, *TV Week*, *Chicago Tribune*, *Cinefantasique*, *Detour*, *Movieline*, la Canadian Broadcasting Corporation, *Houston Post*, *Los Angeles Times*, *New York Times*, *SFX*, *Hard Copy*, *Mc Calls*, *USA Today*, *Denver Post*, *Washington Times*, *TV Scene*, *Washington Post*, *Woman's Day*, *Sky International*, et Associated Press.

Et, à tous ceux dont la plume fait autorité, James Swallow, Julianne Lee, Ian Spelling, Kyle Counts, Paula Vitaris, Deborah Starr Seibel, Joe Nazarro, Stephanie Mansfield, Kevin Stevens, Kathleen Toth, Gary Leigh, Seven Eramo, Simon Bacal, Richard Houldsworth, Bret Watson, David Bassom, Jane Killick, Tom Gilatto, Craig Tomashoff, Andrew Billen, Jon Matsumoto, Bronwen Gora, Michael Idato, Alex Strachan, Harriet Winslow, Jenny Cooney, James Glave, Andrew Denton, Alex Witchel, Sheryl Kahn, Lynn Elber, Matt Roush, Buzz McCain, Virginia Campbell, Lynne Mercombe, Allan Johnson, Anthony Noguera, David Hughes et Daniel Nylander, qu'ils n'hésitent surtout pas à me prévenir si je peux leur rendre service.

Introduction

GILLIAN ANDERSON : LE RÉEL

L'introduction, c'est l'endroit où les biographes commencent à dresser un portrait absolument dithyrambique, exposant à quel point le sujet du livre est un personnage merveilleux qui fait une brillante carrière sur les petits ou les grands écrans, et mérite largement la critique littéraire fouillée qu'on lui consacre. Moi, je m'en abstiendrai.

En fait, je ne me donnerai même pas la peine de citer l'évidence. Je préfère sur ce point laisser la parole à Gordon Edelstein, qui a dirigé Gillian Anderson dans la pièce *The Philanthropist,* à une époque où seule une petite poignée d'aficionados du théâtre savaient qui diable pouvait bien être Gillian Anderson : « C'est drôle qu'on puisse songer à écrire une biographie sur une personne aussi jeune ; après tout, elle n'a fait qu'une malheureuse série télévisée ! »

Il a parfaitement raison. Gillian Anderson est une bonne actrice, mais ce n'est pas Hepburn (du moins, pas encore). La plupart des lycéens ont un CV plus impressionnant que le sien. Mais ce qu'Edelstein ne comprend pas, c'est la formule magique d'Hollywood : dix pour cent de talent, et quatre-vingt-dix pour cent de chance. D'ailleurs, il est possible qu'on ait exagéré la chance de Gillian et minimisé son talent, mais elle serait la première à vous dire que ce sont ces deux variables qui ont fait d'elle, et de son alter ego, l'agent trop sceptique Dana Scully du FBI, la déesse de la génération Internet.

Le talent est là, bien sûr, et il est immense. De plus, Gillian Anderson a fait tout ce qu'il fallait pour devenir actrice. Elle s'est produite dans des spectacles régionaux et des petits théâtres off-Broadway, a fait quelques apparitions dans certains épisodes de séries TV qui n'ont rien d'inoubliable, a tenu un grand rôle dans un film resté confidentiel, et a travaillé comme serveuse de restaurant, encore et encore... Gillian aurait forcément émergé un jour sur le devant de la scène, que le canal soit *X-Files*, *Sense and Sensibility*, *Un tramway nommé désir* ou *Vendredi 13*, 10e épisode. Personne n'a jamais remis son talent en cause.

Pour la chance, c'est différent.

Savez-vous combien de pilotes sortent chaque année ? Savez-vous combien donnent lieu à une série ? Savez-vous combien de séries survivent plus de six épisodes avant que les crédits ne soient définitivement coupés ? Combien dépassent l'étape de la première saison ? Et rares sont celles qui finissent par modeler le paysage culturel et par créer des icônes universelles. Pourtant, quand Gillian Anderson passa l'audition et décrocha le rôle, elle tira le premier d'une longue série de numéros gagnants.

Les dieux lui ont accordé leur grâce, lui ont mis le pied à l'étrier. C'est pour cela que cette biographie existe. Gillian Anderson a le vent en poupe. Et maintenant, la suite, place au bla-bla...

Si je me trompe, Gillian Anderson partira en fumée à la fin de la série et, dans dix ans, elle se retrouvera dans le purgatoire des festivals de science-fiction pendant que ce livre traînera sur une table, tout poussiéreux, avec une étiquette indiquant le prix de un dollar !

Mais si j'ai raison, et c'est bien là mon impression, cette biographie ne sera que le premier livre d'une longue série à venir.

1

ÉTOILE DIVINE… ÉTOILE CRAINTIVE

Alors que Gillian Anderson et Clyde Klotz étaient sur le point de se passer la bague au doigt à Hawaii, en 1993, la vedette de la célèbre série *Aux frontières du réel* se souvient d'avoir regardé le ciel au moment où le prêtre prononçait les mots qui allaient unir le couple pour la vie. « Je ne sais pas ce que j'espérais, dit Gillian Anderson, je ne crois pas que je m'attendais à voir un ovni, mais je pensais qu'il y aurait un signe. »

Un signe du destin ?

Un matin de bonne heure, Gillian Anderson se réveilla dans sa chambre d'hôtel de Melbourne en Australie. Elle s'approcha de la fenêtre, ouvrit les rideaux et contempla la ville qui s'éveillait doucement à la vie.

Elle aurait dû savoir lire les augures.

Le soleil se reflétait déjà dans les vitres fumées des bâtiments. En contrebas, sur les trottoirs, les gens semblaient marcher au ralenti. Malgré une circulation très fluide, les voitures roulaient au pas. Melbourne était étrangement assoupie alors qu'on s'attendait à voir l'agitation d'une journée de travail. Anderson se frotta les yeux pour effacer les dernières traces de sommeil, en rêvant d'un café et d'une bonne douche. Elle pensait déjà à la limousine qu'on lui enverrait bientôt et à son public.

Mais immédiatement, elle alla vers le berceau où, pour l'une des premières fois, Piper, sa petite fille, venait de faire une nuit complète. Anderson regarda le bébé qui commençait à bouger et lui sourit gentiment. L'enfant gémit et ouvrit les yeux. Gillian prit sa fille dans ses bras, la serra tendrement et se mit à la bercer.

Quelques instants plus tard, elle appela la gouvernante qui occupait une chambre au bout du couloir. Comme elle aussi était déjà réveillée, après avoir changé sa fille et lui avoir donné son premier biberon de la journée, Gillian emmena le bébé dans la chambre de la nounou. Elle donna un baiser à Piper et retourna dans sa chambre. Sûre que son enfant était en bonnes mains, Gillian Anderson se sentait parfaitement sereine.

Elle ne réfléchit pas aux signes que lui avait communiqués la ville ce matin-là. Pourtant, elle aurait dû voir venir les choses.

Comme dans tous les bons épisodes d'*Aux frontières du réel*, les indices étaient là, il se passait quelque chose d'anormal, une ambiance mystérieuse planait déjà bien avant qu'une foule estimée à dix mille personnes ne se précipite au centre Brisbane.

Gillian Anderson n'était absolument pas préparée à ce qui l'attendait aux antipodes ! Bien sûr, elle avait lu le courrier des fans australiens et s'était amusée de se voir ainsi portée aux nues, avec tout ce qui touchait à la série, par tant d'admirateurs inattendus. Mais les acclamations lui rappelèrent vite qu'au plus profond d'elle-même, elle cherchait autre chose qu'une gloire éphémère.

« Quand je pense à la célébrité, j'y vois toujours une sorte de caricature à la *Catch 22*, confie Gillian Anderson, visiblement épuisée, à un journaliste de Sydney, au milieu de sa tournée. Comme tout le monde, j'ai envie d'être reconnue et respectée par la communauté cinématographique, mais pour moi, les choses devraient s'arrêter là. »

Malheureusement pour elle, cette frontière serait franchie, et on n'hésiterait pas à envahir sa vie personnelle et familiale à chaque instant.

Lorsque sa limousine s'arrêta devant les studios pour l'enregistrement de l'émission « The Midday Show », Gillian Anderson ne fut guère étonnée de voir une haie d'admirateurs le long de la route. Cette agréable surprise fut de courte durée, bientôt, elle s'inquiéta pour sa vie, car, en pénétrant dans le studio, elle vit une foule de gens qui escaladaient les murs afin de l'approcher de plus près. Ce délire hystérique se poursuivit jusque tard dans la nuit, lors de la soirée que la succursale locale de Planet Hollywood donnait en son honneur. Gillian Anderson commença par jouer le jeu et laissa un photographe suivre le moindre de ses pas et fixer tous ses mouvements sur la pellicule. Mais elle se lassa vite et quand, une nouvelle fois, le photographe braqua son objectif vers elle, elle lui adressa un regard glacial et mit la main devant l'appareil, dans un geste d'énervement classique.

Gillian Anderson en avait plus qu'assez. Au cours de cette odyssée, à un journaliste qui lui demandait pourquoi elle n'emmenait pas sa fille partout avec elle, elle répondit tout simplement : « Pourquoi ? Mais pour la protéger des gens comme vous ! »

« La célébrité ? C'est étouffant, dira-t-elle lors de sa tournée australienne, au bord de l'épuisement. Je suis très réservée, et je n'arrive pas à me débarrasser des paparazzi qui me suivent partout et s'introduisent dans ma vie. Je n'aime pas la foule. Je me sens très vulnérable en ce moment. J'ai l'impression de partir en lambeaux, et c'est terriblement gênant et troublant quand des milliers de personnes exigent votre attention. C'est exténuant sur le plan émotionnel. »

A Brisbane, toutes les peurs et les terreurs furent poussées à l'extrême. Les dix mille admirateurs sages et pacifiques au début, car ils avaient sans doute entendu parler de l'angoisse qui obsédait leur actrice favorite, se transformèrent vite en une horde de sauvages dès que Gillian Anderson monta sur la scène pour saluer cette marée humaine. Elle commença par quelques mots de remerciement adressés à ses fans australiens et signa toute une variété d'objets qu'on lui jetait littéralement à la figure.

Immédiatement ou presque, ce fut la panique. Piétinant ceux des premiers rangs, les spectateurs envahirent la scène. Ce jour-là, aussi inquiète que sidérée, Gillian Anderson essaya de faire entendre raison à ses admirateurs endiablés : « Je ne demande pas mieux que de signer des autographes, mais il va y avoir des blessés ! » dit-elle avant de mettre fin à son apparition. En quittant Brisbane, Gillian Anderson se sentait de plus en plus mal à l'aise face à la tournure que prenait cette campagne de promotion. D'autant plus qu'un rendez-vous avec un journaliste d'une chaîne de télévision néo-zélandaise fut annulé, en partie à cause de problèmes techniques, mais surtout parce que le journaliste n'avait en fait qu'une envie : extorquer des aveux sur une liaison amoureuse hors plateau entre Gillian Anderson et son partenaire de la série, David Duchovny.

« C'est une rumeur qui n'est fondée sur rien, protestait Anderson, visiblement agacée. Les gens sont persuadés que, parce qu'on travaille ensemble, nous sommes amants. Ils ont du mal à croire que nous nous voyons très peu en dehors des tournages et que nous menons des vies totalement différentes. »

Malgré la pression qui pesait sur elle, Gillian Anderson réussit à reprendre son souffle pour continuer son périple.

A l'étape suivante, dans un petit centre commercial de Sydney, douze mille fans prêts à tout casser l'attendaient. L'un d'eux avait même passé toute la nuit dans sa voiture pour être juste devant la scène quand Gillian ferait son entrée. Les moins courageux avaient commencé à faire la queue à cinq heures du matin, alors que l'apparition de l'actrice n'était programmée que pour deux heures moins le quart de l'après-midi. Le bouche à oreille ayant bien fonctionné, tout le monde savait qu'une sorte de Beatlemania frappait les admirateurs de Dana Scully, si bien que personne ne fut surpris que plus de cent officiers de police et agents de sécurité aient été sur les dents quand Gillian Anderson est enfin montée sur scène à deux heures.

« Bonjour ! Vous êtes un public formidable, s'exclama Gillian Anderson. C'est fantastique ! »

On avait bien prévenu la foule que toute bousculade ou autre manifestation indésirable entraînerait immédiatement la fin des festivités et, au début, les admirateurs se montrèrent assez coopératifs. Mais dès que Gillian Anderson prit un crayon en main, ceux de l'arrière se bousculèrent pour avoir eux aussi leur autographe. Hurlements, cris et coups retentissaient. Des gens tombaient, au risque de se faire piétiner ou d'étouffer. Le personnel médical de service se précipita vers la foule et sortit le premier corps d'une série qui finirait par s'élever à quatre-vingts. Immédiatement consciente de ce qui se passait, Gillian Anderson fit une annonce demandant à la foule de reculer, mais personne ne l'écouta. Finalement, avec un regard qui exprimait à la fois sa détresse et sa stupeur, elle quitta la scène.

En roulant dans les rues des quartiers défavorisés de Melbourne dans sa froide limousine, avant de s'enfoncer dans les entrailles d'un parking de supermarché, Gillian avait eu pour la première fois un aperçu de la bestialité souvent inséparable de la célébrité. En regardant le sombre parking à travers les vitres teintées, elle avait compris que cette fureur donnait à la gloire des aspects bien étranges. La vie frôlait les frontières du réel.

Le regard épuisé, à peine éclairé par une lueur d'excitation, elle descend de voiture en repoussant d'un air absent une mèche de sa chevelure à la coupe trop sage. En costume pantalon sombre, et avec ses lunettes à monture dorée qui sont devenues son emblème, elle discute brièvement avec son entourage.

A un simple signe de la main, un garde du corps musclé s'approche d'un air protecteur, sa masse formidable faisant paraître l'actrice, âgée de vingt-sept ans, qui mesure à peine un mètre cinquante-huit, encore plus minuscule. Il la guide dans une série de corridors mal éclairés où ses talons résonnent légèrement. Au bout du chemin, Gillian Anderson débouchera sur un petit centre commercial où elle doit rencontrer une foule d'environ cinq mille admirateurs, tous impatients d'avoir leur autographe. Depuis qu'elle présente en solo cette série culte, l'actrice a déjà eu affaire à des foules plus imposantes mais, en débouchant sur la petite place et en regardant la scène de fortune, elle en reste ébahie. Par milliers, les fans brandissent appareils photo, cassettes vidéo et photographies comme autant de casquettes blanches.

Surprise, un peu inquiète, Gillian Anderson marque un temps d'arrêt avant de monter les marches, regrettant peut-être que son coéquipier dans la série ne fasse pas partie du service d'ordre. « David est bien meilleur que moi pour ce genre de présentation », avoue Gillian Anderson. Mais hélas, l'agent Scully doit continuer seule.

Pour saluer son arrivée, un énorme rugissement monte de la foule. Des flashs s'illuminent. Le public se presse vers l'avant. A présent, Gillian connaît bien l'exercice. Après de brèves salutations, elle tend la main vers la marée humaine pour signer tout un bric-à-brac d'objets évoquant plus ou moins la série. Mais la foule aussi connaît le rituel et, immédiatement, elle se rue vers la scène. Comme d'habitude, des hurlements retentissent.

« Attention ! Des gens se font écraser ! » hurle Gillian Anderson.

Projetée contre la structure de bois, une adolescente s'effondre. Un appareil photo vient frapper un homme à la tête. Une femme s'évanouit, sa cassette d'*Aux frontières du réel* encore serrée dans la main. De nouveau, Gillian Anderson est inquiète et très frustrée, mais elle essaie encore de calmer le jeu.

« Les gens vont être piétinés ! Je n'aimerais pas avoir des autopsies à faire ! »

Hélas, ses paroles restent vaines, et, finalement, la police et le personnel médical doivent encore intervenir pour calmer la foule et mettre les blessés à l'abri. Anderson sourit, prononce quelques mots de remerciement pas tout à fait sincères et s'éloigne. Grâce à Dieu, personne n'a été gravement blessé dans ce centre commercial de Melbourne, mais le prix de cette soudaine célébrité commence à peser bien lourd sur les épaules de l'actrice, qui en est même venue un jour à se demander à voix haute lors de cette tournée australienne : « Mais qu'est-ce que je suis venue faire ici ? »

Ce n'était pas la première fois que Gillian Anderson se posait cette question. La toute première, cela dut être en janvier 1996, à Los Angeles, dans les coulisses de fortune d'une scène installée à l'hôtel Hilton de Burbank. Elle devait y faire sa première apparition à une convention de fans. Et les rires du public qui acclamait un autre acteur d'*Aux frontières du réel,* Dean Haglund (l'un des fameux Lone Gunmen) ne lui rendirent pas la tâche plus facile. Mal à l'aise, Gillian jeta un coup d'œil sur le discours qu'elle avait préparé. Son sourire se figea totalement. Elle se sentait nerveuse, très nerveuse. « Je n'ai rien de drôle à raconter, se plaignit-elle à son entourage qui tentait de la rassurer. J'aurais dû réfléchir à quelque chose avant ! »

Son partenaire de la série, David Duchovny, a, quant à lui, toujours refusé de participer à de telles conventions, et, pendant les deux premières saisons, Gillian Anderson s'en était tenue à la même politique. Mais, à son hôtel de Los Angeles, quelques jours avant l'ouverture de la convention, elle avait confié qu'elle avait envie de voir son public et ses fans de plus près. « Cela me rend nerveuse, mais ce serait trop idiot de renoncer pour cela. Ce sera la première et dernière expérience du genre. »

Gillian Anderson utilisait cette convention comme une sorte de tremplin. Après avoir essentiellement joué les faire-valoir pour son partenaire, Fox Mulder qui, lui, ne met pas en doute l'existence des phénomènes paranormaux, l'actrice avait envie qu'on s'intéresse un peu plus à sa petite personne, car, jusque-là, la seule chose dont on avait véritablement parlé, c'était de sa grossesse et des problèmes qu'elle avait posés aux scénaristes.

A présent, les scénaristes avaient moins de maux de tête et plus de liberté pour façonner un nouvel agent spécial version améliorée. Ils s'étaient déjà aperçus qu'ils possédaient en la personne de Gillian Anderson un véritable diamant à l'état brut. Et si, avec cette actrice à la détermination sans bornes, d'une intelligence incroyable et d'une énergie infatigable à leur disposition, ils continuaient à faire une Dana Scully un peu terne à l'arrière-plan, une simple incarnation de la pensée logique, ce serait un véritable crime contre nature.

A l'aube de la troisième saison, de simple feuilleton à succès, *Aux frontières du réel* prenait peu à peu le statut d'une série culte, encensée par la critique, avec des taux d'écoute impressionnants, et se transformait en véritable phénomène culturel à la manière de *Star Trek*. Grâce au talent de Gillian Anderson, le personnage de Scully élargissait son champ d'action. La Dana Scully un peu manichéenne et perpétuelle saint Thomas avait largement disparu au profit d'un nouvel agent, qui n'hésite pas à prendre des risques au nom des théories bizarroïdes de Mulder, tout en conservant l'esprit logique de celle qui ne s'en laisse pas conter. Et, bien que toute intrigue amoureuse entre les personnages ait été abandonnée pour de bon par tous les créateurs de la série, Scully peut à présent vivre avec son partenaire une relation amicale et légère qui vient régulièrement égayer l'ambiance sombre des enquêtes dans le monde du paranormal.

« J'estime que Scully a navigué assez longtemps dans l'ombre de Mulder, disait Gillian Anderson dès 1995. Les auteurs ont conçu un personnage suffisamment intelligent pour mener des enquêtes, et cela devient fatigant de toujours avoir un train de retard. Au début, c'était logique, mais je crois qu'à présent, tout le monde est déterminé à franchir une nouvelle étape. »

Gillian Anderson se montre tout à fait à la hauteur dans cette évolution par bonds et sursauts. « Elle est très subtile, dit le scénariste Glen Morgan. Les auteurs lui ont déjà fait prendre plusieurs virages serrés, et elle s'en est toujours tirée à merveille. »

Chris Carter, le créateur de la série, est, lui aussi, très impressionné par le professionnalisme de l'actrice. « Gillian est très travailleuse et, malgré les longues heures qu'il a fallu pour préparer la série, je ne l'ai jamais entendue se plaindre. Quand elle était enceinte, elle ne s'est arrêtée que deux jours avant la naissance de sa fille. Cela en dit assez long. »

En coulisse, son partenaire David Duchovny ricane en ajoutant entre deux portes : « C'est la meilleure Scully avec laquelle j'ai jamais travaillé ! »

Avec l'inévitable multiplication des produits dérivés qui se développent dans le sillage d'*Aux frontières du réel*, Gillian voit son visage et sa silhouette fleurir à des endroits fort peu conventionnels. Tous les mois, on l'admire en couverture d'un magazine qui propose une adaptation de la série en bandes dessinées. Pour les marginaux du public, lecteurs de *Penthouse*, le magazine pornographique, Scully apparaît dans le rôle d'une ravissante idiote un peu cochonne. On la voit partout, sur des T-shirts, des affiches, des couvertures de romans ou de magazines, des assiettes et des tasses à café. Les fans ont déjà trouvé un bâtiment pour ériger un temple consacré à l'actrice.

L'influence de la popularité de Gillian Anderson est plus difficilement contrôlable sur le réseau Internet. Des groupes de conversations, des forums s'organisaient déjà sur les autoroutes de l'information avant même qu'*Aux frontières du réel* ne termine sa première saison.

Pour les novices, on trouve le Gillian Anderson FAQ (*Frequently Asked Questions* : « questions souvent posées »), site qui retrace les événements essentiels liés à l'actrice, date et lieu de naissance, prononciation de son nom (Jil-ee-un), taille, couleur des cheveux, etc. Pour les aspects plus ésotériques, on peut s'adresser à The Gillian Anderson Sounds Page, qui reproduit fidèlement des dialogues sonorisés. Les admirateurs masculins préfèrent, eux, le Gillian Anderson Testosterone Brigade, où ils rendent hommage à la beauté de l'actrice et parfois à son intelligence. Les admiratrices, quant à elles, ont formé The Gillian Anderson Estrogen Brigade et The Gillian Anderson NeuroTransmitter Association, où elles rendent hommage à l'intelligence de l'actrice, et parfois à sa beauté. C'est à travers ces sites informatiques que l'on comprend mieux pourquoi Dana Scully et Gillian Anderson sont l'objet d'une adoration sans bornes, qui s'exprime tous les jours dans les nombreux messages.

« Pour nous, Gillian Anderson est l'incarnation de la femme », affirme un membre de la Testosterone Brigade. « Gillian Anderson n'est pas une intello asexuée, lit-on dans un des messages de NeuroTransmitter. Et la délicatesse des garçons de la bande de Testosterone les pousse même à user de la litote : « Ce n'est pas une nouvelle gourde qui chasse les criminels en talons hauts. »

C'est dans cette dernière phrase peut-être que se trouve l'essence du succès fulgurant de Gillian-Dana. Dans un monde peuplé de monstres, d'aliens, d'extraterrestres et où le gouvernement joue un rôle obscur et trouble, Dana Scully est une figure réellement sympathique. Sans oublier de souligner le mot *réellement*.

Elle n'agit jamais sans une raison logique, elle ne fait jamais rien qui ne soit pas dans la cohérence de son personnage simplement pour faire avancer l'affaire ou pour sauver un scénario bancal. Il y a une bonne raison qui explique pourquoi elle n'a jamais couché avec Mulder, et, si un jour elle a tiré sur Mulder dans un épisode particulièrement angoissant, c'est aussi parce qu'elle avait une bonne raison. Dana Scully reste toujours fidèle à son personnage, sans jamais sacrifier aux clichés chers à la télévision.

Et ce sont justement ces fameux clichés qui, par comparaison, ont fait de Gillian Anderson la pin-up de l'intelligentsia. Dans un paysage télévisuel fourmillant de poupées sans cervelle ou d'automates froids et unidimensionnels à la *Star Trek*, tout en échappant au classicisme, Gillian Anderson est à la fois séduisante et capable de se plier à des modifications subtiles et à de profonds retournements émotionnels. C'est un joli brin de fille, et seul un être pensant est digne d'en faire sa compagne, selon ses fans les plus libidineux. En d'autres termes, si l'on regarde les choses en face, telles des sœurs siamoises, Dana Scully et Gillian Anderson sont étroitement imbriquées. Toutes deux évoluent simultanément et forment un personnage complexe qui gagne sans cesse du terrain, laissant le spectateur dans l'expectative et lui donnant envie d'en savoir plus.

« Scully est un rôle très intéressant, affirmait Gillian Anderson dès le début de la production. C'est un personnage très fort, qui incarne une femme indépendante et très intelligente. C'est un rôle très séduisant. Je crois qu'hommes et femmes sont également attirés par son honnêteté intellectuelle, son sens de la réflexion et sa passion pour son travail. Ce sont des qualités que les deux sexes apprécient. »

Le créateur de la série, qui a assuré l'avenir d'*Aux frontières du réel* en confiant le rôle de Scully à Gillian Anderson et non à une jolie minette qui prépare des biscuits dans sa cuisine, image chère à Hollywood, a tout de suite compris que le personnage lui allait comme un gant. « Gillian est très perspicace, et elle est ambitieuse, comme son personnage. Elle est en concurrence avec les hommes, mais elle doit préserver sa féminité, dans la vie comme sur le plateau. »

Un harmonieux mélange de talent et d'imagination a fait de Gillian Anderson une véritable icône, une star en puissance, alors qu'il y a quelques années à peine, après quelques passages à la scène sur la côte Est, un premier rôle dans un film confidentiel, une voix off pour un livre enregistré et une apparition dans une série éphémère, elle n'était encore qu'une totale inconnue. Mais, comme le dit l'actrice, la célébrité, il faut s'y habituer, et, aujourd'hui, sa conception du succès ne cesse d'évoluer au fil du temps.

Interviewée peu après la première saison d'*Aux frontières du réel*, alors qu'elle était célibataire et sans enfants et encore très naïve face à sa nouvelle célébrité, Gillian Anderson avait dit : « Si j'y pense trop, cela va sans doute me terroriser. Pour l'instant, je prends les choses comme elles viennent. C'est déjà beaucoup. » En 1995, mariée avec un directeur de production, Errol Clyde Klotz, mère d'une petite fille de dix-huit mois nommée Piper, elle avait déjà changé de discours. « Je suis devenue beaucoup plus prudente pour protéger ma vie privée. Je ne peux plus aller nulle part sans qu'on me reconnaisse. Parfois, j'ai envie de me cacher. »

Lors de cette convention, Gillian a vraiment très envie de disparaître dans un trou de souris alors que Dean Haglund quitte la scène sous un tonnerre d'applaudissements. Elle est toujours nerveuse, mais lorsque les lumières s'estompent et qu'un montage d'images de Scully apparaît sur un écran géant, la peur se dissipe et l'actrice sourit en pensant à tout ce que lui apporte le personnage de télévision.

Gillian Anderson hausse les épaules et roule les yeux comme pour dire : « Bon, ça a l'air d'aller », et monte sur scène. Dès son entrée, un vent d'hystérie souffle sur la salle déjà chaude. Les hurlements dépassent le niveau sonore du Concorde. Bouquets de fleurs à la main, enfants et adolescents se précipitent vers la scène et y déposent leur offrande. Au centre, Gillian est épouvantée. Immédiatement, elle renonce à tout espoir de discours, elle essaie de canaliser l'enthousiasme débordant. Finalement, le public se calme, et Gillian Anderson, toujours sous le choc, mais heureuse, prend le micro. Les signes avaient toujours été là, Gillian Anderson les comprend enfin.

« Vous avez des questions à poser ? » finit-elle par demander.

2

DES MONSTRES DE CIRQUE POUR PARENTS

Pendant l'été 1968, les vents du changement soufflent sur le monde entier. Aux frontières de la Tchécoslovaquie, les chars soviétiques se préparent à envahir Prague et à écraser un Etat indépendant qui commence sérieusement à énerver les Russes. En Inde, une semaine d'inondation fait des milliers de victimes.

Et à Chicago, l'atmosphère devient inquiétante. Par milliers, en longues caravanes d'autocars ou en voitures, les militants pacifistes envahissent les routes dans leur attirail anticonformiste censé incarner leur contre-culture. Le spectacle offre un contraste presque fellinien avec les drapeaux étoilés qui flottent au vent à l'occasion de la préparation du congrès démocrate, au cours duquel Hubert Humphrey deviendra officiellement le rival de Richard Nixon dans la prochaine course à la présidence, à l'automne.

A deux pas de là, les policiers matraquent les manifestants, et le monde ne sera plus jamais le même. Au beau milieu des cris de cette bataille de Grant Park qui résonnent aux oreilles des congressistes, une nouvelle de moindre importance passe totalement inaperçue : Gillian Anderson naît le 9 août 1968, à Chicago, Illinois.

Premier enfant d'Edward et Rosemary Anderson, de milieu modeste, elle est née dans le climat de liberté riche en possibilités de la fin des années soixante, à une période où ses parents réfléchissaient encore à leur choix de carrière et de vie. Alors qu'elle avait deux ans, ceux qu'elle décrit gentiment comme des « monstres de cirque » cherchèrent à mener une autre vie en quittant les racines familiales pour s'installer à Puerto Rico.

L'expérience portoricaine, qui, d'après Gillian Anderson elle-même, n'était guère qu'un instant de réflexion sur un mode de vie, ne dura guère plus d'un an, avant que, ayant enfin trouvé un but, Edward Anderson émigre en Angleterre, pour s'inscrire à la London Film School dans l'intention de se faire une place dans le monde de la production.

Pendant cette période, la famille Anderson passa de la modeste résidence de Clapton Common à un quartier plus chic pour emménager au 19, Rosebury Gardens. Anderson y alla à l'école pendant deux ans, où, selon ses livrets scolaires, elle obtint de très bonnes notes. La famille choisit finalement de rester à Londres où le père avait trouvé un emploi dans la production cinématographique.

Gillian suivit des études à l'école primaire privée de Coleridge pendant une grande partie des années soixante-dix, où elle développa un accent huppé, et, si elle se montrait très sophistiquée pour son âge, elle s'intéressait déjà beaucoup aux sciences et manifestait un certain penchant pour le paranormal.

Gillian Anderson se souvient que, dès son plus jeune âge, elle avait été fascinée par la science, la biologie surtout, et qu'elle se lançait dans de fréquentes expéditions au jardin pour déterrer des vers de terre. Dès qu'elle commença à déchiffrer ses premières phrases, le magazine *Omni* – et en particulier les articles consacrés aux ovnis – arrivait en tête de ses lectures préférées.

L'actrice a encore certains souvenirs parcellaires de son enfance britannique. « J'ai eu une enfance plutôt normale. Je savais que mon père ne faisait pas le même travail que tout le monde, mais mes parents étaient assez libéraux, et je crois que j'étais beaucoup plus indépendante que la plupart des autres enfants. J'étais une sorte de garçon manqué, et j'avais souvent des jeux de garçon. »

A Coleridge, Gillian Anderson avait de bons résultats, un cercle constant de petits camarades, et, malgré son jeune âge, elle manifestait déjà beaucoup de confiance en soi et une certaine arrogance juvénile. Dans une récente enquête sur le passé de l'actrice, Lowri Turner, correspondante du *London Sunday Mirror*, dépeint une fillette pas vraiment charmante qui tient plutôt de la petite sauvageonne : « J'ai rencontré ses anciennes camarades de classe, d'après elles, c'était un diable. Elle aimait la bagarre et envoyait régulièrement des mots leur disant : « Fais gaffe, à la sortie, je t'aurai ! »

Quand elle se penche sur ses vieux souvenirs, Gillian Anderson se rappelle que le premier garçon qu'elle ait jamais embrassé était un Anglais, prénommé Adam. Elle se souvient également que la vie londonienne l'a mise en contact avec le profane, et qu'elle y a eu les premières intuitions de ce que pouvait être la sexualité. « Je jurais beaucoup, enfant. Un jour, j'ai demandé à maman ce que voulait dire « baiser », mais je n'arrive pas du tout à me souvenir de sa réponse. J'avais entendu dire ça à huit ans, dans la cour de récréation par un garçon qui en avait douze. Il m'aimait bien, et je l'aimais bien aussi, mais j'étais terrifiée, parce que son affection ressemblait trop à celle des adultes. J'avais peur qu'il soit bien capable de faire ce "baiser", même si je ne savais pas trop ce que cela voulait dire. »

La famille a quitté Londres en 1979 pour retourner aux Etats-Unis. Les Anderson s'installèrent à Grand Rapids, dans le Michigan, où Edward et Rosemary Anderson s'attachèrent à donner une éducation américaine à leur fille tout en se lançant dans une carrière de postproduction et de traitement informatique de l'image. C'est donc à Grand Rapids que la petite Gillian, britannique jusqu'au bout des ongles, fit ses premiers pas dans une classe américaine.

Mais même si elle était née sur ce sol, lorsqu'elle y revint à dix ans, l'expérience fut traumatisante : « J'avais l'impression de ne pas être à ma place. Après Londres, en me retrouvant dans une petite ville, je me sentais totalement désemparée. »

3

GILLIAN, LA REBELLE

Gillian Anderson termina ses études au lycée de Grand Rapids, dans le Michigan. Comme le montre la photo de classe, elle incarnait l'image de la rebelle, avec une coiffure à la punk, des vêtements sortis d'un surplus quelconque et, surtout, un regard agressif, avec un A majuscule. D'ailleurs, comme s'en souvient l'actrice, la légende laissait entendre que son avenir ne serait pas forcément des plus rangés. « J'étais considérée comme le clown de la classe, on me prenait pour de la graine de prison », dit-elle en riant.

Pourtant, lors de cette première journée de classe en Amérique, lorsque, du haut de ses onze ans, toute confiante, elle entra dans la cour de Fountain Elementary School, personne n'imaginait Gillian derrière des barreaux. Bien sûr, comme toute adolescente à la rentrée, elle était un peu nerveuse. Mais ses parents se montraient rassurants et lui affirmaient que tout se passerait bien, elle descendit donc de voiture et traversa la cour. Gillian reconnaît volontiers qu'à cette époque, elle se sentait mal à l'aise, que Londres lui manquait, car c'était le seul univers qu'elle ait jamais vraiment connu. Quand la cloche sonna, dissimulant ses craintes, elle entra fièrement dans la classe.

Fred Heimstra, son instituteur du cours moyen qui l'eut en classe dès ce retour du Royaume-Uni, se souvient d'une fillette tout à fait normale : « C'était une gentille petite élève, dit-il. Elle était très avenante et semblait avoir beaucoup d'amis. » D'après Heimstra, Gillian, qui « avait un niveau supérieur à la moyenne, était très douée pour les langues et la littérature et s'intéressait déjà à l'art dramatique. » Il y avait également chez elle une certaine sophistication, qu'il attribuait à son enfance britannique. « Gillian était très raffinée pour une fillette de son âge. Cela se sentait immédiatement quand on lui parlait ou quand on lisait ses devoirs de classe. Elle en connaissait beaucoup plus sur le reste du monde que les enfants qui avaient passé toute leur vie à Grand Rapids... et le moins qu'on puisse dire, c'est qu'elle n'était pas renfermée. Elle manifestait une grande sensibilité et se sentait parfaitement en harmonie avec la classe, dans toutes les situations. »

Les souvenirs de Gillian sur cette période sont fort différents. « A Grand Rapids, plus rien n'était pareil. C'était à la fois très banal et très étrange. En un sens, c'était parfait pour moi, parce que c'est de là que tout est parti. » Mais elle se rappelle aussi que ses camarades se moquaient d'elle à cause de son accent anglais et de ses bonnes manières. « J'étais renfermée, les autres élèves ne m'aimaient pas. J'étais obligée de rester dans mon petit monde, sinon, on m'envoyait dans le bureau du directeur parce qu'on me trouvait insolente. »

C'est à cette époque que les parents de Gillian décidèrent d'agrandir la famille. Ils eurent deux autres enfants coup sur coup, un fils, Aaron, et une autre fille, Zoé. L'arrivée d'un frère et d'une sœur dans l'existence d'une fille unique troubla les habitudes de la vie de famille, et bientôt Gillian Anderson se réfugia dans le petit univers du rock qui commençait à faire son trou à Grand Rapids. « Je suis retournée à Londres pendant les vacances d'été, quand j'avais douze ans, et, soudain, je me suis retrouvée embarquée dans le phénomène punk, se souvient Gillian Anderson. Quand je suis rentrée aux Etats-Unis, j'avais un clou dans le nez. C'était rigolo. Je me mettais toujours de profil, pour que papa ne s'en aperçoive pas ! »

Gillian vécut dans le monde des sons métalliques de groupes tels que les Circle Jerks et les Dead Kennedys. La tête rasée, avec une immense crête violette à l'iroquois, un anneau dans le nez, elle s'habillait de cuir noir acheté dans les boutiques d'occasion. Elle entama donc son adolescence en incarnant le symbole de ce que beaucoup considéraient comme la génération perdue. « Avant, j'étais une fillette bien sage en pantalon de velours et, tout d'un coup, je me teignais les cheveux en rouge, je portais des minijupes à la punk, et je m'habillais de manière de plus en plus provocante. »

Gillian s'engouffra alors dans une spirale descendante. « Quand je suis entrée au lycée, j'avais de très mauvaises notes, se souvient-elle. Je rêvassais, je faisais les cent coups. Je passais dans le bureau du principal un jour sur deux. Oh, en fait, ce n'était jamais pour des choses très graves. Je bavardais en classe, je mettais de la mousse à raser dans les casiers, je chipais les paquets de copies, ou je lançais des avions en papier. Je m'amusais bien, mais j'étais malgré tout perturbée, et très solitaire. »

Gillian Anderson se retrouva bientôt parmi les siens, des camarades qui observaient la même éthique punk, qui, comme elle, rejetaient l'ordre établi et adoptaient l'attitude ostentatoire typique de la musique pop. Normalement timide et n'aimant guère se précipiter dans les situations nouvelles, Gillian Anderson rejoignit rapidement le petit groupe de punks de Grand Rapids qui faisaient beaucoup parler d'eux, dans la grande tradition de leurs pères fondateurs londoniens. « On se promenait dans les rues et on faisait des bras d'honneur à tous ceux qui nous regardaient, se souvient Gillian Anderson, encore très amusée lors d'une conversation datant de 1996. On allait à des concerts, on se bagarrait, et on montait sur scène. A l'époque, c'était la mode de recevoir des coups. »

Ce besoin de violence commença à se manifester de diverses façons. Très tôt, elle se mit à boire et eut une connaissance plus qu'occasionnelle de la drogue. Au beau milieu de tout ce chambardement émotionnel, Gillian perdit sa virginité à l'âge de treize ans, avec l'un de ses copains punks. Lors d'une conférence de 1996, elle manifestait toujours un certain trouble face à ce souvenir. Elle ne se souvient plus du nom du garçon, mais se rappelle vaguement que « c'était un punk qui est devenu plus tard une sorte de néo-nazi. » Une chose est sûre, cette première expérience sexuelle lui a laissé un goût amer. « C'était une connerie monstrueuse. Il n'y avait rien de romantique dans cette histoire, et c'est pas le meilleur coup que j'aie jamais connu. Mais à treize ans, qu'est-ce qu'on peut espérer de mieux ? »

Un an plus tard, Anderson entra au lycée de la ville, avec, étant donné les circonstances, des notes plutôt correctes. Déjà, elle avait une idée de sa future carrière, qu'elle imaginait dans la biologie marine. Catherine Dreher, une de ses camarades de lycée, se souvient du jour où elle l'a croisée pour la première fois dans un couloir. « Elle était très intimidante, elle donnait l'impression d'avoir totalement confiance en elle. C'était un peu comme si elle était intouchable, comme si on ne pouvait pas lui faire de mal. Elle était très dure. »

Pour une autre de ses camarades, qui préfère garder l'anonymat, Gillian Anderson était « à mi-chemin entre Madonna et Johnny Rotten ». « Elle avait un style particulier, et beaucoup de présence, poursuit cette voix mystérieuse. Elle ne mesure même pas un mètre soixante, mais je n'aurais pas aimé devoir me battre avec elle. Comme elle avait passé plusieurs années à Londres, elle avait un véritable accent britannique, ce qui la rendait encore plus punk. Pendant des jours entiers, elle se barricadait derrière cette attitude. Elle avait son franc-parler, elle était toujours révoltée et semblait ne pas se soucier de ce qu'on pensait d'elle. »

Malgré une première expérience plutôt douloureuse, Gillian Anderson continua à avoir des relations sexuelles assez régulièrement pendant toute son adolescence. Elle se sentait attirée par les hommes plus âgés, mais ses aventures avaient tendance à être très violentes. A quatorze ans, elle eu sa première relation sérieuse avec un rocker de vingt-quatre ans. Lorsqu'elle ne fuguait pas carrément du foyer familial, Gillian et son amant se retrouvaient souvent dans des vieux entrepôts ou dans les appartements d'amis. « Il appartenait à un groupe punk, se rappelle Gillian Anderson. Je volais des boîtes de conserve à la maison, et je lui achetais des sodas et des cigarettes dans les commerces du coin. »

Extérieurement, Gillian Anderson avait l'air d'une révoltée, qui se jetait dans tous les excès de la vie et semblait la plupart du temps préférer la bagarre à l'amitié. Pourtant, lorsqu'elle évoque cette relation dont le souvenir lui est encore pénible lors d'une interview de 1996, l'actrice avoue que tout cela ne faisait que refléter un sentiment de profond malaise intérieur. « Je me sentais bien dans cette relation, parce que je me trouvais sale, moche, et mal embouchée. Je ne m'aimais pas beaucoup à l'époque. »

Ce mépris de soi se manifestait par de graves perturbations physiques et émotionnelles. Passant d'un extrême à l'autre, elle était soit presque obèse, soit horriblement maigre. « Je ne veux pas en parler », a récemment répondu Gillian Anderson à un journaliste qui lui demandait si elle avait été boulimique.

Gillian Anderson qui fréquentait toujours ce qu'elle décrit aujourd'hui comme « une bande de mécréants » continuait à porter du noir, le reflet de son âme à cette époque, une âme introvertie qui semblait toujours se cacher pour se protéger des monstres, réels ou imaginaires. Dans les souvenirs de Gillian, cette apparence peu orthodoxe et son attitude agressive n'étaient à l'époque qu'un moyen de se sentir maître de sa vie. « Pendant des années, je me suis trouvée moche, confie-t-elle lors d'une interview de 1996, ce n'est que lorsque j'ai commencé à me raser le crâne et à m'habiller différemment que j'ai compris que j'avais mon mot à dire, que je pouvais choisir qui j'étais et ce à quoi je croyais. J'étais très révoltée, mais cela m'a servi. Cela m'a rendue plus indépendante et plus forte. Je m'habillais en noir, je portais des rangers, j'avais des cheveux qui se dressaient sur la tête, et pourtant, les gens me trouvaient séduisante. Alors, cela prouve que cela marchait. Mais parfois, j'avais l'impression qu'en fait cela me servait de béquille. »

Pendant ce que beaucoup considèrent comme les plus dures années de sa scolarité, au moment où elle eut ses premiers contacts avec l'art dramatique, Gillian Anderson semblait pourtant proche de la chute fatale. Aujourd'hui encore, même si elle a du mal à expliquer ce qui lui plaisait tant dans le théâtre, lors de ses dernières années de lycée, elle se souvient que son enthousiasme fut immédiat. « Je crois que, dans une large mesure, cela m'a sauvée. Cela m'a donné l'occasion de m'exprimer. »

Cependant, la participation de Gillian Anderson aux activités dramatiques de City High School était des plus épisodiques, au mieux. On tient pour certain qu'elle a effectivement tenu le petit rôle de l'officier de police n° 2, lors de la représentation d'*Arsenic et vieilles dentelles*. Elle a également joué dans *The Zoo Story*, un conte sur les émotions humaines, contrôlées ou indomptables. Et, selon sa camarade Catherine Dreher, dès le début, l'immensité de son talent était une évidence. « Elle interprétait un personnage complètement cinglé, j'étais fascinée par sa façon de jouer. Sur scène, ce n'était plus la même. Elle avait un talent incroyable. »

Encouragée par cette nouvelle passion, Gillian Anderson alla travailler dans le cadre d'un stage scolaire au théâtre de Grand Rapids. Paul Dreher, qui dirigeait le Civic, sourit encore au souvenir de l'adolescente de dix-sept ans qui vint passer l'audition. « La première fois que je l'ai vue, elle était dans un sale état. Elle traversait sa crise punk et s'habillait comme un épouvantail. Elle avait des cheveux peinturlurés, un maquillage très sombre autour des yeux, un rouge à lèvres foncé, un anneau dans les narines, et une horrible chemise noire qu'elle portait tout le temps. Elle avait l'air un peu renfermée, et j'avais la sérieuse impression qu'elle ne m'aimait pas du tout. »

Anderson travailla dans les bureaux pendant un an, répondant au téléphone et s'occupant de l'accueil. D'après toute l'équipe, elle se montrait très consciencieuse et, bien qu'elle se plaignît d'avoir des tâches rébarbatives à accomplir, comme s'occuper du standard, elle était toujours à l'heure. Dreher se souvient que le directeur adjoint était constamment sur son dos, à cause de sa tenue. « Cela ne semblait pas avoir beaucoup d'effet. » Mais Gillian était impatiente de quitter les bureaux pour monter sur les planches. « La seule chose dont elle avait envie, c'était jouer, et elle semblait déterminée à tout faire pour y arriver. »

Dans plusieurs interviews, Gillian Anderson a dit qu'elle avait passé une audition et obtenu un rôle au

Civic, mais elle ne se souvient plus dans quelle pièce. « Quand on m'a choisie, j'étais très heureuse, confia-t-elle en 1990. J'avais l'impression d'avoir enfin trouvé ma place. »

Dreher confirme qu'elle a bien passé une audition au Civic pour le rôle d'Emily dans *Our Town*, mais, d'après lui, le résultat aurait été désastreux. « Gillian s'en serait sûrement très bien tirée, mais elle a tenu à passer son audition dans ses vêtements habituels. Inutile de préciser que cela n'a pas marché. Je ne suis pas sûr de le lui avoir dit à l'époque, mais j'ai pensé : "Ma fille, si tu tiens à jouer, tu ferais mieux de te mettre un peu dans la peau du personnage que tu veux incarner." Elle n'a pas obtenu le rôle et elle ne me l'a sans doute jamais pardonné. Je sais qu'elle semblait très perturbée à l'époque, et elle n'a jamais plus passé d'auditions chez nous. »

Mike Kuhn croisait parfois le chemin de Gillian Anderson, car son orchestre *new wave* Swampuggi jouait de temps en temps avec le groupe du petit ami de Gillian, White Room. Il se souvient de Grand Rapids comme d'une « petite ville très province ». Pour lui, Gillian n'était « pas plus agressive qu'une adolescente de dix-sept ans normale. » Mais, lorsqu'il eut besoin d'acteurs pour son projet cinématographique lors de sa dernière année d'université, il découvrit un autre aspect de Gillian.

« Je ne savais pas grand-chose d'elle, je l'avais simplement croisée lors de quelques concerts, mais j'avais entendu dire par des amis qu'elle avait fait du théâtre... Alors, je l'ai rencontrée, je lui ai soumis le scénario, elle l'a lu et elle a simplement dit : "D'accord." »

Immédiatement, le jeune cinéaste eut une impression positive. « Elle paraissait très mûre pour son âge. Elle semblait avoir une conception du monde intéressante et une bonne compréhension des événements. Elle était très intelligente, et le moins qu'on puisse dire, c'est qu'elle ne manquait pas de cran. »

Le film de Kuhn, *Three at Once*, était, de l'aveu même du réalisateur, un truc intello-pédant au cours duquel trois acteurs parlent de leurs espoirs et de leurs craintes lors d'une soirée. Très bavard, à part une séquence de mime, ce film de huit minutes en noir et blanc fut tourné sur une période de trois jours à l'automne 1985 dans le bureau d'un complexe hôtelier appelé le Castle. « Le concept du film était très obscur, je l'admets, mais pendant le tournage, je me suis aperçu que Gillian comprenait toujours où je voulais en venir, et elle s'est montrée parfaitement capable de donner du corps à un personnage unidimensionnel. »

Three at Once fut présenté lors d'un festival à Grand Rapids en 1986, et refit surface lors d'un festival de cinéma de Seattle en 1996. « La première fois qu'elle l'a vu, se souvient Kuhn, la seule chose que Gillian a dite, c'est que j'avais mal orthographié le nom de sa sœur (qui avait travaillé derrière la caméra). A part cela, elle n'a fait aucun commentaire. »

Anderson termina sa dernière année de lycée dans la grande tradition punk, continuant à boire et à faire la folle. Etonnement, ses notes lui permirent d'obtenir son diplôme, mais le dernier soir...

– Gillian, les flics débarquent ! On se tire !

Gillian Anderson avoue qu'après « une nuit de folie totale », elle est revenue au lycée avec ses camarades fraîchement diplômés pour tout casser en signe d'adieux lorsque la police locale les a surpris la main dans le sac. « C'était affreux. J'ai été arrêtée et on m'a mise en garde à vue. Il a fallu que j'appelle mon petit ami pour qu'il règle la caution. Mais j'ai passé plusieurs heures au poste avant qu'il puisse me faire sortir. »

Le petit ami de Gillian, qui se trouvait avec elle au début de la soirée mais qui était rentré juste avant que les choses ne tournent mal, a eu besoin d'un peu de temps pour rassembler la somme nécessaire. En arrivant au commissariat, il vit immédiatement Gillian qui le regardait derrière les barreaux, mais si elle éprouvait des regrets, c'était uniquement parce qu'elle s'était fait prendre.

Où allait-elle finir après le lycée ? Les paris restaient ouverts. Dans les prédictions de son entourage, on imaginait drogue, maternité précoce, et peut-être une mort prématurée pour toute épitaphe. Mais, malgré son parcours chaotique, certains avaient su lire la détermination qu'exprimait son regard et deviner que sa passion pour le théâtre l'emmènerait forcément quelque part. Finalement, ce ne fut guère une surprise lorsque Gillian Anderson annonça fièrement qu'elle s'était inscrite à la prestigieuse Goodman Theater School pour la rentrée suivante.

En milieu de matinée, par une journée couverte, Ric Murphy entra dans l'auditorium de la Goodman Theater School, sur le célèbre campus de l'université De Paul, à Chicago. Pour les professeurs, c'était le moment crucial où, lors d'une sorte de rite de passage, ils allaient sélectionner, parmi les huit cents candidats, la classe d'élèves qui poursuivraient le cycle d'études dramatiques de quatre ans.

La première partie des auditions se passa comme Murphy l'avait prévu. Des jeunes gens et des jeunes filles, en vêtements de ville décontractés, lisaient des morceaux choisis d'œuvres célèbres ou obscures. En habitué, Murphy griffonnait des notes rapides et, en moins de trente secondes, prenait sa décision. On appela l'élève suivante : « Gillian Anderson. »

Quand il la vit se lever de son siège, Murphy en eut le souffle coupé.

« Elle était habillée avec une sorte d'affreuse combinaison de plongée ! se souvient Murphy en riant. Je ne pouvais pas m'empêcher de la regarder. Je me demandais vraiment ce qu'elle allait nous sortir. »

Pour les besoins de l'exercice, Gillian ouvrit le premier de ses livres et commença la lecture. Une tension et une impression de suspense s'installèrent immédiatement alors qu'elle entamait les premières lignes sur un ton tenant à la fois de la conversation courante et de la profonde émotion. « Il y avait une sorte d'énergie époustouflante qu'on percevait instantanément. Elle avait une présence formidable et un sens de l'anticipation remarquable. J'avais l'impression de découvrir quelque chose de différent et de très nouveau en l'écoutant faire sa lecture. »

Gillian Anderson réussit l'épreuve. Mais même si sa coiffure à l'iroquois, son anneau dans le nez et certains vestiges de sa jeunesse tourmentée avaient disparu, Gillian Anderson, tout comme au cours de sa vie de lycéenne, devrait encore se battre contre ses démons personnels.

Elle était toujours très introvertie et restait à l'écart du monde du théâtre, et, même si elle se montrait plus sélective dans ses fréquentations, Gillian confie dans une conversation datant de 1996 que, pendant ses années d'université, elle était restée très fragile. « J'avais l'impression que si un garçon m'aimait bien, je devais coucher avec lui. A l'époque, je n'avais pas encore compris que j'avais le choix, que j'avais mon mot à dire. D'ailleurs, tout ce qui touchait à la sexualité ne me plaisait guère. »

Au cours de ce même entretien, Gillian Anderson parle difficilement d'un autre de ses problèmes : l'alcool. « J'aimais beaucoup boire, un peu trop même, à dire vrai. Je me sentais plus forte, plus séduisante. Cela me donnait confiance en moi. »

Finalement, l'art dramatique lui permit de trouver la sortie du tunnel. Ses perspectives, bien que toujours assombries par des doutes et des périodes de dépression occasionnelles, commencèrent à s'améliorer. Ses notes grimpèrent de manière spectaculaire.

« Jouer, cela me libérait. Cela me permettait de me décharger de tout ce qui m'encombrait. »

Les deux premières années passées à Goodman furent essentiellement consacrées aux techniques d'improvisation et de la scène. Et, dans ce domaine, d'après Murphy, Gillian excellait. « Dès la première année, j'ai découvert qu'elle avait le don de vous surprendre. Quand elle abordait un exercice, on avait toujours l'impression de faire un grand plongeon dans l'inconnu. Ses pouvoirs d'observation étaient très intenses. Je me souviens qu'en première année un des exercices consistait à observer quelqu'un et à l'imiter en classe. Gillian alla observer une serveuse. Quand elle est revenue faire sa présentation, on voyait bien qu'elle y avait mis beaucoup d'elle-même, rien que dans sa façon de prendre et de déplacer les objets. C'était surprenant. Dès les premiers contacts avec Gillian, j'ai vu que j'avais une personnalité électrique entre les mains. » Une personnalité qui permit finalement à l'actrice en herbe de monter sur scène dès la première année dans toute une variété de productions destinées à tester ses talents. Elle joua entre autres dans *A Flea in Her Ear*, *Serious Money*, *Last Summer at Bluefish Cove*, *Roméo et Juliette*, et *In a Northern Landscape*. « Elle avait un véritable rôle dans *Serious Money* et *Last Summer at Bluefish Cove*. Et il fallait la voir pour se rendre compte à quel point elle avait le sens de la repartie dans *A Flea in Her Ear*. Elle interprétait le rôle d'une servante, une toute petite apparition, à vrai dire. Mais elle en a fait un personnage étrange, excentrique, véritablement fascinant... »

Durant la première saison d'*Aux frontières du réel*, Gillian Anderson était en fait d'accord avec l'interprétation de Murphy : « Jusque-là, j'avais surtout joué des choses sérieuses. *A Flea in Her Ear*, c'était parfait, parce que cela m'a forcée à me lancer dans la comédie. »

Malgré les éloges de la presse locale et les encouragements de Murphy et des autres membres de la Faculté, l'actrice ne parvenait pas à vraiment écarter les doutes qui la rongeaient. « Elle était certaine qu'elle n'arriverait jamais à gagner sa vie comme actrice, se souvient Murphy, et à l'approche des examens, ce problème l'inquiétait de plus en plus. Moi, je ne me posais même pas la question, mais elle, cela la tourmentait. Elle manquait énormément de confiance en elle. »

Le talent de Gillian Anderson fut vite connu au-delà des frontières du campus, et les agents de la côte Est devinrent vite des assidus des productions Goodman. L'agence de William Morris qui s'intéressait particulièrement à l'actrice lui fit signer un contrat lors de sa dernière année d'études.

Sur un plan personnel, Gillian commençait à tourner la page et à renoncer à ses comportements excessifs. Une semaine avant son vingt et unième anniversaire, à sa manière toujours radicale, Gillian Anderson renonça brutalement et définitivement à l'alcool. En parlant de cette décision, elle dit simplement : « Cela suffisait. Je me rendais compte que je n'avais plus qu'une envie, boire, et que je buvais trop. » Peu avant son vingt-deuxième anniversaire, elle fit encore mieux en acceptant que la sexualité puisse être quelque chose d'agréable. « Pendant longtemps, j'ai eu l'impression qu'il fallait le faire, mais je ne me sentais pas libre, cela ne me plaisait pas. Et tout d'un coup, je me suis rendu compte que cela pouvait être très chouette et qu'on pouvait y trouver du plaisir. »

C'est au printemps 1988, lors de sa troisième année d'études à Goodman, que Gillian Anderson se retrouva pour la seconde fois devant une caméra pour un film expérimental, *A Matter of Choice*. Par l'intermédiaire d'un ami commun, elle avait fait la connaissance du réalisateur William Davis. Très célèbre dans les milieux du film underground après des films d'essai tels que *Pornography Is a Fucking*

Lie et *Look Dick Look, See Jane Burn*, William Davis trouva un alter ego en la personne de Gillian Anderson. Tous deux avaient la même approche du théâtre, et tous deux connaissaient l'importance d'un bon scénario.

Intrigué par ses premières conversations avec l'actrice, Davis devint vite un des spectateurs assidus des productions de Goodman Theater dans lesquelles elle apparaissait. C'est à ce moment qu'il se rendit compte de ses exceptionnelles qualités, et il comprit vite que cette débutante était bien plus douée que tous les acteurs avec lesquels il avait travaillé auparavant. Déterminé à trouver un support qui convienne aux talents de Gillian, il songea très vite à un projet qu'il avait à cœur. Il n'avait pas encore de titre, mais savait qu'une des scènes devait se dérouler dans une cuisine. Comme ce genre de décors était difficile à trouver, dans un élan créatif, Davis changea soudain de direction.

Le réalisateur, dont l'expérience antérieure s'appuyait lourdement sur une pensée féministe, savait pertinemment que l'avortement était un sujet très chaud en cette année électorale de 1988. C'est ainsi que *A Matter of Choice* prit corps dans l'esprit du réalisateur. Conçu à l'origine comme un film de cinq minutes en noir et blanc centré sur un personnage muet, le film s'ouvre sur le gros plan d'une femme qui entre dans une ruelle. Elle arrive à son rendez-vous pour se faire avorter. Elle s'approche d'une porte, munie d'un portemanteau et d'une étiquette, et, en regardant sa montre, elle s'aperçoit qu'elle a cinq minutes d'avance. Le reste du film nous montre la femme qui fait les cent pas et des gros plans de son visage. A la fin, elle franchit la porte. Davis, dont le style s'appuyait plus sur des concepts que sur des scénarios écrits, pensait qu'il aurait du mal à trouver son personnage.

Il lui fallait quelqu'un qui sache transcrire des émotions par les expressions du visage et les gestes, mais sans jamais en faire trop. Perplexe, il ne connaissait personne capable d'une telle prouesse. Puis, il songea à Gillian Anderson, la seule femme à qui il pouvait confier une tâche aussi délicate.

Il prit sa décision non loin de l'impasse donnant sur Wabash Avenue, où il avait décidé de tourner le film, et appela Gillian en milieu de matinée. Il voulait savoir si elle était libre l'après-midi et si elle voulait bien lui consacrer une heure en ville. Elle accepta. Quand elle arriva sur les lieux du rendez-vous, elle trouva Davis et un cameraman à l'entrée de la ruelle. A la fois étonnée et amusée, elle se demandait encore ce qu'on espérait d'elle. Davis lui expliqua brièvement en quoi consistait *A Matter of Choice*. Il s'attendait plus ou moins à une avalanche de questions sur les motivations du personnage, mais Gillian se contenta d'écouter attentivement avant de dire qu'il lui fallait un moment de réflexion. Trente secondes plus tard, elle annonça qu'elle était prête.

A Matter of Choice fut tourné en moins de deux heures, car immédiatement, Gillian Anderson sut répondre aux espérances de Davis. Le réalisateur en était tellement sidéré que, pendant une pause pour changer de bobine, il demanda à Gillian si elle avait fait beaucoup de cinéma. Elle lui répondit que c'était pratiquement la première fois qu'elle se trouvait face à une caméra. N'en croyant pas ses oreilles, Davis exprima toute son admiration.

Anderson vit le film terminé une semaine plus tard et, d'après les témoignages, elle en était fort contente. Ses proches sentaient que ce n'était pas un problème qui la concernait outre mesure, mais qu'elle s'était attachée à produire un travail de qualité.

C'est en 1989, un an avant qu'elle ne termine son diplôme, que de surprenantes rumeurs commencèrent à circuler sur l'actrice amateur. Ce fut cette année-là, dit-on, que Gillian Anderson tourna son premier vrai film, un petit rôle dans une production appelée *Home Fires Burning*. Comme la plupart des rumeurs, celle-ci est infondée.

Elle tire sans doute son origine dans un article d'un magazine new-yorkais datant de 1972. Pour une raison mystérieuse, le critique cite un titre erroné du film dans lequel Gillian Anderson tenait un rôle, c'est ainsi que *The Turning* est devenu *Home Fires Burning*. Mais on retrouve cette erreur dans de nombreuses biographies de l'actrice. Pour rétablir la vérité, disons que le réalisateur de *Home Fires Burning*, Glenn Jordan, insiste pour préciser que, selon ses souvenirs, Gillian Anderson n'apparaît pas dans le film. Il est même allé jusqu'à rechercher dans ses archives, et le nom de Gillian ne figure nulle part, pas même comme doublure.

Peu avant d'obtenir sa maîtrise d'art dramatique à De Paul, Anderson commençait déjà à avoir un peu plus confiance en elle. Que William Morris ait accepté d'être son agent l'a sans doute un peu aidée, mais ceux qui la croisaient sur le campus lors de ces derniers mois se rendaient immédiatement compte de la transformation. Gillian Anderson venait de surmonter un gros handicap dans sa vie personnelle et professionnelle, elle se sentait enfin maître de son destin et pensait désormais pouvoir gagner sa vie grâce au métier qui lui plaisait.

Elle n'hésita pas très longtemps avant de céder aux instances de son agent : elle fit ses bagages un jour à onze heures du soir pour filer à New York avec sa « Volkswagen tellement chargée [qu'elle ne voyait] plus rien dans le rétroviseur ». « J'avais décidé de partir à une date précise, mais il m'a fallu beaucoup plus de temps que prévu pour préparer mes affaires, confie-t-elle, avec un clin d'œil pour sa croyance au karma. J'ai roulé le plus longtemps possible avant de m'arrêter pour faire une petite sieste. Il y avait tellement de choses dans la voiture que j'ai dû rester recroquevillée en position fœtale. »

4

LA POMME À BELLES DENTS

A New York, le froid n'est jamais bien loin. Même quand les derniers flocons de neige ont disparu, on peut toujours craindre qu'un blizzard ou une averse de grêle ne fasse retomber les températures en dessous de zéro. Mais ce jour-là, il régnait une étrange douceur. On enlevait les manteaux, on roulait les manches de chemises : un signe de bienvenue tout à fait exceptionnel pour l'arrivée de Gillian Anderson lorsqu'elle gara sa voiture devant un appartement bizarre d'un quartier à la mode de Greenwich Village. Sur le journal déplié sur le siège du passager, elle avait entouré quelques petites annonces de la rubrique « Locations ». Elle en avait déjà éliminé certaines. Le véhicule était encore encombré de cartons. Gillian regarda tout autour d'elle, descendit de voiture et monta un étage. Quelques instants plus tard, elle était de nouveau dans la rue, souriante.

Rien d'exceptionnel, mais Gillian Anderson venait enfin de trouver son foyer dans la ville dont l'emblème est une grosse pomme. « J'ai tout de suite adoré New York, dit-elle, je me suis juré de ne jamais partir. »

Gillian Anderson ne perdit pas beaucoup de temps à s'installer dans sa nouvelle vie d'actrice à la conquête du monde. Elle passa de nombreuses auditions pour des spectacles off-Broadway, des productions très marginales, mais toujours en vain. Quand il lui restait un peu d'argent, ce qui était rare une fois qu'elle avait payé le loyer, elle allait au théâtre où elle se retrouvait systématiquement au dernier rang du poulailler. Elle en « saignait du nez, à force de regarder en bas et de tendre l'oreille pour écouter des dialogues presque inaudibles ».

Pour payer son loyer, Gillian Anderson accepta des petits boulots, serveuse de restaurant, le plus souvent, cela devint même presque une tradition chez elle. De son premier emploi, oublié dans les arcanes du souvenir, il ne reste aucune trace, mais dans le second, l'actrice a laissé sa marque : « Je savais que c'était une jeune comédienne nouvellement arrivée en ville, se rappelle Scott Turkel, le directeur du restaurant Le Dojo, qui a rencontré Gillian pour la première fois en 1990. Pourtant, elle n'avait l'air ni naïve ni vulnérable. Elle donnait immédiatement l'impression de savoir ce qu'elle faisait. »

Turkel dit aussi que, pendant les quatre mois où elle a travaillé chez lui, Gillian était une bonne serveuse et qu'elle avait renoncé à ses allures punk. « Si on la jugeait aux critères du Village, elle avait l'air tout à fait normale. Elle devait avoir mis ses excentricités en sourdine, si l'on en croit ce que j'ai lu dans la presse. Soit elle s'était lassée d'elle-même, soit elle avait fait des compromis pour obtenir un travail. »

Gillian est restée assez longtemps pour qu'on apprenne à la connaître : « Elle était aimable, mais elle pouvait se montrer agressive. Un jour où je lui avais fait une remarque qui lui avait déplu, elle m'a donné un coup de pied dans le tibia. Un autre soir, nous étions allés boire un verre après le service, et là, j'ai vu au contraire une Gillian très sérieuse, bien déterminée à obtenir ce qu'elle voulait. »

Mais comme la seule chose qui intéressait Gillian, c'était de monter sur les planches, Turkel ne fut guère surpris quand elle annonça tout d'un coup qu'elle s'en allait. « C'est fréquent. Je pensais simplement qu'elle avait décroché un rôle. »

En fait de rôle, Anderson avait surtout reçu un gros coup de pouce du destin, dans la grande tradition des films hollywoodiens.

La Manhattan Theater Company, l'une des troupes les plus prestigieuses de White Way, était déjà bien engagée dans les répétitions d'*Absent Friends*, la tragi-comédie d'Alan Ayckbourn qui met en scène des amitiés un peu troubles et des relations sexo-politiques douteuses, lorsque Mary Louise Parker qui interprétait la perverse Evelyn renonça soudain à son rôle.

« Elle a dû nous quitter car elle avait un autre contrat qui était incompatible avec nos contraintes, confie Lynne Meadow, femme metteur en scène. Elle devait tourner dans *Grand Canyon* (*Au cœur de la ville*). Nous avions déjà commencé les répétitions, la situation semblait désespérée, il nous fallait quelqu'un tout de suite. » Fort heureusement pour Gillian Anderson, William Morris, son agent, sut tirer profit de la situation.

Lynne Meadow se souvient d'avoir été agréablement surprise en entendant Gillian faire sa lecture.

« Elle n'avait encore jamais joué à New York. La seule chose que je savais d'elle, c'était qu'elle venait de terminer ses études d'art dramatique à Chicago. Pour moi, c'était une complète inconnue. Personne ne l'avait jamais vue auparavant. Mais pendant l'audition, je l'ai trouvée fantastique. Elle était parfaite pour le rôle d'Evelyn. Je l'ai quand même rappelée pour une seconde audition, afin d'être sûre de ne pas me tromper. Mais comme la deuxième lecture a été au moins aussi bonne que la première, j'ai sauté le pas et, pour la première fois de ma vie, j'ai embauché une totale inconnue sans la moindre expérience. »

Plus que quiconque, Gillian était consciente des risques qu'elle faisait courir à la production d'*Absent Friends*, car elle était toujours rongée par les derniers vestiges des doutes qui avaient hanté ses années d'université. « Quand Lynne a pris mon mémoire en main et qu'elle m'a demandé : "C'est tout ce que vous avez fait ?", je ne savais plus quoi répondre, confie Gillian en tremblant encore à ce souvenir lors d'une conversation de 1991, qui suivit les premières représentations. Il me semblait avoir fait beaucoup de choses, mais une fois que j'ai été engagée, j'avais peur de décevoir Lynne. Elle prenait un gros risque, je ne voulais pas qu'elle se dise qu'elle avait commis une erreur. »

Au fur et à mesure que les répétitions avançaient, pour un lever de rideau prévu en janvier 1991, Lynne Meadow était de plus en plus sûre d'avoir parié sur le bon cheval, comme elle l'a confié en 1991 : « Je n'aurais jamais pensé avoir recours à une telle débutante. Mais c'est une de ces pièces où, plus que l'expérience, c'est surtout le talent qui compte. Gillian avait fait beaucoup d'improvisation, et elle a beaucoup travaillé pour que ce qu'elle faisait d'instinct prenne une tournure plus technique qui convenait parfaitement au style d'écriture de la pièce. »

Dès le premier soir, les rumeurs qui couraient sur *Absent Friends* et la jeune inconnue qui tenait le rôle principal remplirent la salle. Et, tandis qu'elle attendait en coulisses avant son entrée sur scène pour ses grands débuts off-Broadway, Gillian avait l'estomac noué : « J'avais l'impression qu'on m'avait injecté de la méthédrine dans les veines. C'était physique, je tremblais comme une feuille, j'avais envie de fuir. Je savais que j'avais un texte à dire, mais j'avais la tête vide. Et puis, tout d'un coup, le pilote automatique s'est mis en marche... »

Absent Friends tint l'affiche pendant soixante-quatre représentations, et, dès le début, Gillian Anderson obtint des critiques tout à fait satisfaisantes, même si elles n'étaient pas encore dithyrambiques. « Gillian Anderson joue très juste dans le rôle de la sombre Evelyn », note le *New Yorker*, tandis que le public applaudissait la « performance respectable » de Gillian Anderson.

La prestation de Gillian Anderson continua à s'améliorer au fil des représentations qui se déroulaient devant une salle toujours comble et, quand le rideau tomba le dernier soir, le 15 mars 1991, la jeune actrice inconnue était déjà sur les rails qui lui permettraient de remporter le Theatre World Award tant convoitée. Gillian Anderson accepta la récompense de bonne grâce, mais lors d'une conversation de 1991, elle semblait se soucier plus des réalités de la vie d'artiste que de cette gloire éphémère. « Trouver du travail, c'est le souci premier de tout acteur. J'ai malgré tout un peu peur que ce ne soit mon premier et dernier rôle pendant un moment. Mais, c'est la préoccupation majeure de tous les acteurs, tout au long de leur carrière. Et j'ai confiance, j'ai l'impression que, quelle que soit la direction que prendra ma vie, ce sera bien pour moi. »

Cependant, les craintes de l'actrice étaient infondées, car peu après *Absent Friends*, elle eut trois offres simultanées : l'une concernait un film à tout petit budget d'un intérêt douteux, l'autre était un petit rôle dans une série dramatique, *The Turning* et la troisième un rôle dans *The Philanthropist* au célèbre Wharf Theater de New Haven, dans le Connecticut. Gillian et son agent ne se perdirent pas en réflexions inutiles. Le film à petit budget fut aussitôt éliminé, et, comme le *Philanthropist* voulait bien attendre la fin de l'année, Gillian Anderson se rendit en Virginie, dans les montagnes Appalaches pour *The Turning*.

Dès le tout début de sa carrière, les choix de Gillian Anderson prouvent son indépendance et son goût du risque, car, à cette période, ses agents lui conseillaient plutôt de renoncer au snobisme de la côte Est et d'aller à Los Angeles, pour tourner des petits rôles dans des séries télévisées. Artiste dans l'âme, Gillian refusait régulièrement. C'est avec joie qu'elle opta donc pour le facteur inconnu que représentait *The Turning*.

Réalisé et écrit par Lou Puopolo, avec Karen Allen, Tess Harper et Michael Dolan, *The Turning* raconte l'histoire d'une famille perturbée qui évolue dans les décors de Pocahontas, en Virginie. Après une odyssée de plusieurs années, un fils prodigue d'extrême droite revient chez lui afin de remettre un peu d'ordre. Gillian Anderson, quant à elle, interprète l'ancienne petite camarade de classe du fils prodigue, la jolie April Cavanaugh, dont les faits et gestes (comme certaines scènes de nus pleines de sensibilité et de goût) vont jouer un rôle déterminant dans la conclusion dramatique du film.

Très exigeant, Puopolo dut aller chercher ses acteurs dans tout le pays, mais il se souvient d'avoir été fort impressionné par la première lecture de Gillian. « Elle est venue au casting avec des tas d'autres actrices. Je ne m'intéressais au théâtre que de loin, et je ne connaissais même pas l'existence de sa toute nouvelle notoriété ; pour moi, c'était une actrice comme les autres. Mais dès qu'elle a lu les premières lignes, tout a changé. Elle était parfaite pour le rôle et son attitude était très juste. Elle avait du talent, de la profondeur, tout était là. »

Et son attitude fut effectivement irréprochable lors des dix jours d'un tournage apocalyptique en novembre 1991, dans les décors réels de la petite ville de Pocahontas. « Gillian était venue pour travailler, cela ne fait aucun doute, explique Puopolo. Elle comprenait son personnage, elle écoutait, et elle ne piquait pas de crises de nerfs comme l'auraient fait beaucoup d'actrices dans les conditions dans lesquelles nous avons opéré. Tout changeait constamment. Parfois, je restais debout jusqu'à quatre heures du matin pour corriger le scénario et écrire les nouveaux dialogues que j'apportais le lendemain matin sur le plateau. Gillian prenait les nouvelles pages, elle apprenait son texte, et elle était prête. Pour moi, c'était une vraie professionnelle. »

Plutôt que de vivre constamment sur les lieux du tournage, Gillian Anderson et les autres acteurs s'installèrent dans un *bed and breakfast* d'une ville voisine, où l'actrice prenait ses repas et faisait du shopping pendant ses rares heures de liberté. Selon Puopolo, là, elle révélait son véritable tempérament. « C'était une situation un peu délicate, confie Puopolo, car dans ces petites villes, les gens sont très méfiants avec les étrangers qui viennent de la grande ville. Ils les trouvent souvent faux et artificiels, mais tout le monde s'accorde à dire que Gillian eut avec eux des rapports francs et honnêtes. »

Le tournage de *The Turning* se termina au début décembre, et Gillian Anderson partit immédiatement vers le nord pour se lancer dans la préparation du *Philanthropist*. Malheureusement, *The Turning* restera l'une des nombreuses victimes d'Hollywood. Il y a bien eu une sortie en salle en Europe en 1992, mais, jusqu'à ce jour, le film n'a pas trouvé de distributeur aux Etats-Unis. Par conséquent, personne, ou presque, n'a jamais vu Gillian Anderson dans son premier grand rôle au cinéma. « C'est vraiment dommage, parce qu'elle avait fait du bon travail. »

A Noël, quelques jours avant la première de *The Philanthropist* au Long Wharf Theater, prévue pour le soir de la Saint-Sylvestre, une vague de froid s'abattit sur New Haven. Sur scène, les acteurs procédaient à l'une des dernières répétitions sous l'œil du sage Gordon Edelstein.

Dans une scène très difficile, Araminta la nymphomane se jette dans les bras de Philip, l'intellectuel. Cependant, Celia, la fiancée de Philip (interprétée par Gillian), succombe peu à peu au charme d'un écrivain arrogant, Braham. Tandis que la répétition touche à sa fin, Celia, sur le point de partir avec Braham, se tourne vers Philip. Ce soir-là, tout comme les soirs suivants, au cours des représentations successives, le metteur en scène vit quelque chose qu'il n'est pas près d'oublier : « Ce regard... se souvient Edelstein, avec un ravissement non dissimulé, un regard vulnérable à vous briser le cœur. Mais Gillian était comme ça, elle était toujours disponible pour exprimer l'émotion qu'on attendait d'elle. »

A l'époque, Edelstein n'en savait pas plus que les autres sur Gillian Anderson : « J'avais entendu beaucoup de choses indirectement. Je savais qu'elle avait joué dans *Absent Friends* à New York et qu'elle s'en était merveilleusement tirée. C'était à peu près tout. Mais notre directrice de la distribution, Debra Brown, tenait beaucoup à elle, et c'est pour cela que nous l'avions engagée. »

Edelstein ne le regrettait pas. « Elle était incroyable. Elle était très crédible, très convaincante, et surtout, comme c'était une pièce britannique, elle parlait avec un accent anglais irréprochable. » Le metteur en scène qui dépense généralement « beaucoup d'énergie et devient complètement fou quand il s'agit de choisir la distribution » n'eut pas à se débattre avec ses états d'âme lors de l'audition finale de Gillian Anderson. Après avoir dit son texte, Gillian la candidate repartait déjà en se contentant du traditionnel « on vous contactera ».

« Quand Gillian a quitté la scène, je me suis immédiatement tourné vers Debra en lui disant : “Ouh, cette fille est fantastique ! C'est une force de la nature. Tu crois qu'elle accepterait ?” Debra lui a immédiatement couru après. De là où j'étais, je voyais Gillian qui descendait les marches, elle attendait l'ascenseur quand Debra a crié : “Gillian !” Je n'ai pas entendu la suite, mais Debra est revenue en disant que Gillian était d'accord. “Eh bien, marché conclu”, ai-je dit, et c'était parti. »

En fait, la décision de Gillian n'aurait pas dû le surprendre. A cette époque, elle pensait poursuivre sa carrière au théâtre, et, dans ses moments de doute, elle croyait que si *Absent Friends* avait été un coup de chance, un second rôle dans une production tout aussi ambitieuse confirmerait son talent à ses propres yeux, comme à ceux de la critique et des professionnels...

Ronald Guttman, un des acteurs du *Philanthropist*, se souvient d'avoir été subjugué par le charme de Gillian Anderson dès la première répétition. « Dès le premier jour, j'ai trouvé que Gillian avait l'air très européenne, au sens où elle semblait ancrée dans le texte et la littérature. Elle fumait comme un pompier, buvait des litres de café et lisait sans cesse, ce qui lui donnait l'air d'une intellectuelle européenne. En fait, ainsi, elle me ressemblait un peu. Elle jouait beaucoup sur la séduction d'une manière très agréable, poursuit l'acteur. C'était une charmeuse, mais elle savait aussi se montrer amicale et gentille. »

Tim Choate, autre membre de la troupe, a été sensible à un aspect différent de sa personnalité. Comme Guttman, il reconnaît les talents de l'actrice et admet qu'elle était excellente dans le rôle de Celia. « Gillian était très réservée, remarque-t-il, elle semblait sans cesse sur ses gardes, un peu renfermée. »

The Philanthropist qui se joua jusqu'au 9 février 1992 attira des commentaires mitigés, mais souvent très élogieux. Une fois de plus, Gillian Anderson se taillait la part du lion dans le cœur des critiques. *Le Hartford Courant* écrivit : « Interprétée par une Gillian Anderson au visage angélique, Celia est capable de couper court brutalement à toute communication et de repousser tous ceux qui ont essayé de l'approcher. » Le *Manchester Journal Inquirer* affirmait, lui, que la Celia d'Anderson était « un mélange de charme innocent et d'égoïsme ».

Guttman ne fut absolument pas surpris par ces louanges. « Quand nous étions sur scène, elle avait une présence inouïe. Elle ne donnait jamais l'impression de jouer machinalement. Quand je la regardais, je savais qu'elle donnerait toujours le meilleur d'elle-même. »

Quand elle ne jouait pas, Gillian Anderson allait parfois au théâtre à New York ou se promenait à New Haven avec les autres acteurs. Edelstein se souvient que, lorsqu'elle n'était pas sur scène, Gillian Anderson manifestait déjà un fort instinct maternel qui se développerait dans les années à venir. « Parfois, elle venait à la maison, et, dès qu'elle arrivait, elle s'asseyait par terre pour jouer avec ma fille. On voyait immédiatement qu'elle avait des rapports privilégiés avec les enfants. » Dans ces moments, on avait affaire à une personne beaucoup plus mûre que ne le laissaient penser les rumeurs sur sa folle adolescence qui circulaient encore. « Gillian avait quelque chose de très profond, de très spirituel. Parfois, elle était très calme, mais elle savait également faire preuve d'un humour flamboyant. »

Ce fut à cette période que Gillian eut une liaison avec Tim Choate, son partenaire à la scène. Jusque-là, elle proclamait à qui voulait l'entendre que jamais, au grand jamais, elle n'irait à Los Angeles. « Je trouvais qu'il y avait quelque chose d'artificiel à Los Angeles. C'était comme si on ne s'occupait jamais de talent, mais simplement de box-office, d'argent et de pouvoir. J'étais même assez têtue sur le sujet. Pour moi, la télévision, c'était me compromettre, me vendre, faire un pas en arrière. Je faisais tout pour éviter la télévision, et cela me tenait vraiment à cœur. » Guttman avait tendance à la croire. « Elle aimait beaucoup le théâtre, et je croyais qu'elle allait retourner à New York pour poursuivre sa carrière à la scène. »

Mais son intégrité professionnelle se heurta vite à des affaires sentimentales, car, après *The Philanthropist*, Tim Choate quitta la côte Est pour s'installer à Los Angeles, et Gillian ne se morfondit pas très longtemps avant d'acheter un billet pour aller le rejoindre.

5

« DIEUX DU CIEL ! »

Gillian Anderson arriva à Los Angeles au début 1992. Bien que son agent lui ait depuis longtemps suggéré de s'y installer pour des raisons professionnelles, dans une interview de 1994, elle confie qu'au début ses motivations étaient toutes personnelles. « Je suis venue pour rejoindre un homme que j'avais connu au théâtre à New Haven, dit Gillian qui a toujours gardé le secret sur la nature particulière de cette relation. Je ne devais rester que quinze jours. Mais dès que je suis arrivée, j'ai immédiatement revendu mon billet de retour. »

Gillian Anderson et Tim Choate poursuivirent la liaison occasionnelle un peu trouble de deux artistes qui mêlent l'amour à d'autres passions. Au début, tout allait bien, si bien même que Gillian Anderson risquait fort de tomber également amoureuse du mode de vie qu'elle avait tant décrié, au risque d'en oublier jusqu'à sa carrière. Pourtant, elle fut vite reprise par ses vieux démons. Décidant d'allier travail et plaisir, Gillian annonça à son agent qu'elle était prête à signer un contrat. Selon ses termes : « Je n'étais pas venue à Los Angeles pour faire de la télévision. Je ne m'intéressais qu'au cinéma. »

Malheureusement, la réputation qu'elle avait commencé à se forger sur la côte Est ne réussit pas à franchir le pays ; à l'Ouest, elle n'était donc qu'une simple actrice au chômage errant dans les rues d'Hollywood. Même si elle exagère en disant qu'elle a passé trois ou quatre auditions par jour pendant un an, alors qu'en fait elle s'y présentait rarement, elle a raison sur un point : elle n'arrivait à rien. « Je ne trouvais rien, avoue-t-elle, visiblement mal à l'aise en 1994. Je n'avais pas d'argent, et je dépendais totalement de mon ami. »

Tim Choate, qui n'aime guère évoquer « tout ce qui s'est passé de personnel » entre eux, confirme qu'elle traversait une mauvaise passe. « Elle se débattait comme une tigresse. Cela faisait de la peine de la voir se battre comme ça. Quand elle passait des auditions, cela ne donnait jamais rien. »

On en oublierait presque un événement qui reste pourtant marqué dans la mémoire de Gillian Anderson : plusieurs auditions pour interpréter le rôle d'une jeune fille de quatorze ans, Caril Ann Fugate, dans le téléfilm, *Murder in the Heartland*, qui raconte l'histoire d'un tueur en série. Dans un de ses rôles les plus difficiles à tenir jusqu'à présent, elle a impressionné les producteurs par son interprétation d'une adolescente caractérielle aux penchants meurtriers. En fin de compte, elle ne fut pas sélectionnée, mais cette expérience reste pour elle une victoire morale. « C'était du bon travail, cela faisait plaisir qu'on songe à moi pour un tel rôle à une époque où je ne trouvais pratiquement plus de travail. »

A contrecœur, Gillian modéra ses ambitions et accepta que son « empoisonneur » d'agent l'envoie passer des auditions pour des petits rôles à la télévision. Mais elle restait tourmentée par l'absence de travail véritable. On lui proposa un rôle qu'elle considérait comme insignifiant en 1993, celui de Rachel pour un livre-cassette, *Exit to Eden*, d'Ann Rampling (Anne Rice). « J'ai fait la cassette parce que j'avais terriblement besoin d'argent, confie-t-elle dans une interview de 1995, j'ai passé l'audition, j'ai obtenu le rôle, et je suis allée à New York pour l'enregistrement. J'ai fait une première lecture globale avec l'acteur qui tenait le rôle masculin, et nous avons découvert qu'il nous faudrait prendre des tas d'accents et de voix différents. Au début, j'ai pensé, dieux du ciel, où me suis-je fourrée ? Mais on est allés au studio et on s'est lancés. C'était un peu comme plonger la tête la première en espérant qu'on ne tomberait pas dans une situation trop embarrassante. »

Gillian Anderson survécut à ce baptême du feu et obtint enfin son premier rôle à la télévision, une étudiante tourmentée dans un épisode (« The Accused ») de la série éphémère de 1993, *Class of '96*. « Je ne l'ai fait que pour le cachet, mais, en fait, cela ne m'a menée nulle part. »

A ce moment, Gillian Anderson entra dans une phase autodestructrice, peut-être parce que sa relation avec Choate commençait à battre de l'aile. « Quand je passais des auditions, j'en étais presque au point de prier pour ne pas être prise, parce que je n'avais aucune envie de m'impliquer dans un projet quelconque. » Mais, trois mois plus tard, son agent l'appela pour lui proposer un drôle de truc, *X-Files* (*Aux frontières du réel*).

La série fut conçue au début 1992 par Chris Carter, ancien éditeur d'un magazine de surf, scénariste et journaliste indépendant. « Je voulais faire une émission effrayante, dit-il en parlant des grandes lignes qu'il s'était fixées pour la série. Je voulais que cela dépasse largement le "voilà le monstre de la semaine". Et je savais que cela durerait, car dès le début, j'ai senti que notre force, c'était justement de viser l'inconnu, par le choix des sujets, bien sûr, mais aussi en prenant des anonymes pour tenir les premiers rôles. »

Pour concevoir les personnages des agents du FBI, Chris Carter s'est appuyé sur les affaires impliquant des extraterrestres, des mangeurs de foie et autres psychopathes aux activités paranormales dont parlait déjà le feuilleton éphémère des années soixante-dix, *Kolchak : The Night Stalker*. Et il s'est inspiré du grand classique, *The Avengers*, le célèbre *Chapeau melon et bottes de cuir*, pour concevoir la relation entre les agents spéciaux Fox Mulder et Dana Scully. « J'aimais beaucoup la relation qu'entretiennent John Steed et Emma Peel, dans *Chapeau melon et bottes de cuir*. C'est une profonde amitié entre homme et femme, qui ne sont pas amoureux l'un de l'autre. Ils travaillent ensemble, ils s'entendent bien, mais la relation est strictement platonique. C'est ce que je voulais pour Mulder et Scully. »

Carter désirait également que ses personnages aient un passé crédible, parfaitement ancré dans les années quatre-vingt-dix. Tous ceux qui ont eu l'occasion de fouiller les origines du personnage de Dana Scully sont surpris par la précision de son histoire antérieure.

Dana Katherine Scully est née le 23 février 1964, dans un lieu inconnu, fille de William Scully (capitaine dans la Navy) et de Margaret Scully. Troisième d'une famille de quatre enfants, elle a un frère aîné, William Scully Jr, une sœur aînée, Melissa, et un jeune frère, Charles.

Scully a fait sa première année d'études à l'université de Berkeley en Californie, où, avec un esprit logique et méthodique, elle suit des études de médecine parfois un peu perturbées par un activisme politique qui la pousse à participer à des manifestations antinucléaires aux abords du campus. Elle passe ensuite à l'université du Maryland où elle parachève son éducation.

Scully a été recrutée par le FBI directement à sa sortie de l'université en 1986. Après sa maîtrise de physique obtenue à l'université du Maryland, elle a été sélectionnée sur la base de sa thèse intitulée : « Le double paradoxe d'Einstein : une nouvelle interprétation. » Elle a enseigné pendant deux ans à Quantico Academy, avant d'être mutée au bureau des affaires non classées par le chef de section du FBI, Scott Blevins. Au début, du moins, sa mission consiste à refréner les élans de l'agent Fox Mulder, dans le but plus ou moins avoué de faire totalement échouer ses projets.

L'agent spécial Scully, n° 2317616, loge dans un petit appartement de fonction au 3170 West 53rd # 35, à Annapolis, dans le Maryland. Son numéro de téléphone professionnel est le (202) 555-431, elle possède une adresse électronique : D Scully @FBI.gov. Son arme préférée est le Smith et Wesson 1056, d'un calibre de 9 mm.

Sachant que le succès d'*Aux frontières du réel* allait dépendre de la relation entre Mulder et Scully, Carter était prêt à ne pas ménager ses efforts pour trouver la distribution idéale. « Je savais que j'aurais du mal à dénicher les acteurs qu'il me fallait. »

La Fox mit le doigt sur la série de Carter en août 1992. Le dernier brouillon du pilote fut tourné le 12 décembre 1992. Le nom de Mulder, tiré du nom de jeune fille de la mère de Carter, surgit pendant la période d'écriture du scénario. Celui de Scully vient d'un commentateur de base-ball, Vin Scully. Au cours du processus d'écriture, il fut pris une décision importante qui aurait un fort impact sur l'interprétation que donnerait Gillian Anderson de son personnage : très vite, on élimina des scénarios l'aventure amoureuse entre Scully et un célèbre lobbyiste, Ethan Minette (ainsi que la scène de lit où on les voyait tous les deux), qui tenait jusque-là une certaine place, au profit d'épisodes plus centrés sur la trame du récit et se déroulant dans un environnement affectif plus « neutre ».

Bien sûr, à l'époque Gillian Anderson n'avait aucune idée de ce qui se tramait. « Cela faisait presque un an que j'étais sans travail, alors, cela n'aurait sans doute pas vraiment influencé ma décision. Au point où j'en étais, j'étais prête à tenter n'importe quelle aventure, s'il y avait un cachet au bout... Je passais des tas d'auditions, et quand on m'a proposé *Aux frontières du réel*, pour moi, c'était une émission comme les autres. Mais quand j'ai lu le scénario du pilote, j'ai compris qu'on avait affaire à un récit très étrange et très intense. Et puis, c'est le genre de sujet qui m'intéresse. J'ai toujours cru aux expériences extrasensorielles, aux ovnis et aux fantômes. Mais ce qui m'attirait surtout, c'était que, pour la première fois, le personnage principal était une femme de tête, indépendante, intelligente. J'ai aussi trouvé quelque chose de très intéressant dans le couple Mulder-Scully car les tensions et la dynamique qui unissent les deux personnages sont source de créativité. »

Le paradoxe que représentait pour elle le rôle de Dana Scully n'a pas non plus échappé à Gillian Anderson, car, si l'agent du FBI est une sceptique au dernier degré, l'actrice elle a toujours éprouvé une profonde croyance pour les phénomènes paranormaux. Dans sa bibliothèque personnelle, on trouve des livres sur tous ces sujets. Plus d'une fois, elle a reconnu être allée consulter des voyants et s'être souvent fait tirer les cartes. « Je suis fascinée par le surnaturel depuis que je suis gosse, avoue-t-elle. Quant aux ovnis, je sais que nous ne sommes pas seuls. J'aimerais beaucoup rencontrer un extraterrestre. Pour moi, c'est presque une évidence que l'univers est habité par d'autres que nous. »

Comme pour dire un dernier adieu à son lointain passé punk, lors de sa première audition pour *Aux frontières du réel*, Gillian Anderson n'avait guère revêtu des habits de circonstance. « Cela ne m'a pas aidée d'arriver avec un tailleur emprunté bien trop grand pour moi. Quand il m'a regardée, le réalisateur m'a trouvée "fagotée". » En 1996, Gillian Anderson ne conçoit pas cette attitude comme une manière de se couper elle-même l'herbe sous le pied, mais plutôt comme un manque d'intérêt général pour son apparence physique. « Je ne me regarde pas souvent dans les miroirs, reconnaît-elle. Quand je me lève le matin, je me mets au travail, et on me coiffe et on me maquille avant même que j'aie eu le temps de vérifier que j'étais bien réveillée. »

Pourtant, Gillian Anderson se montra suffisamment impressionnante pour qu'on lui propose de revenir quelques jours plus tard afin d'avoir un entretien avec Carter et les autres producteurs de la série. Cette fois, elle se présenta dans une autre tenue empruntée mais qui lui allait un peu mieux et elle portait également des petits talons. L'amélioration était sensible, mais Carter ne trouva pas la plaisanterie à son goût. « Elle avait l'air un peu plus négligée, un peu plus excentrique que la Scully que j'imaginais. Mais il était impossible de ne pas remarquer le classicisme de ses traits. Elle avait un petit air très sérieux, très crédible. Je ne mettais pas sa parole en doute quand elle prononçait des mots scientifiques, je voulais bien croire qu'elle était médecin. Pour moi, elle correspondait parfaitement au rôle, même si elle n'avait rien du sex-symbol cher à la télé. »

Gillian Anderson a gardé un souvenir très intense de cette audition. « Quand j'ai passé l'audition pour le pilote, il était déjà évident que Chris Carter avait une idée très précise du personnage de Scully, et il me guidait chaque fois que je m'écartais de la piste. Pour lui, tout était clair, et il a sans doute décelé chez moi certains des éléments qu'il avait imaginés. Mais je ne sais pas vraiment ce qui l'a décidé en fin de compte. J'ai un aspect sérieux, et Scully est un personnage austère. Elle sourit rarement, c'est peut-être ce qui transparaissait le plus à l'audition. »

Ce fut une Gillian Anderson toute tremblante qui, quelques jours plus tard, se rendit dans les bâtiments de la Fox pour la dernière d'une longue série d'auditions, mais la première avec son futur partenaire, David Duchovny. Carter avait déjà fait savoir qu'il était assez sûr de lui pour le rôle de Dana, mais les dirigeants, sans mettre en doute les talents de l'actrice, semblaient avoir un problème avec son apparence, comme Gillian se le rappelle aujourd'hui, non sans une pointe d'ironie. « Quand les auditions de la chaîne ont commencé, je me demandais ce qu'ils voulaient. J'aurais pourtant dû comprendre, car on me conseillait sans cesse de porter des vêtements plus ajustés et des talons plus hauts. C'était évident, ils voulaient une vraie star, plus grande, avec plus de jambes et de poitrine. Ils voulaient transformer la série *X-Files* en *XXX-Files* ! »

Duchovny, qui, lors de cette étape, ne connaissait pas du tout Gillian et ne savait rien de ses travaux antérieurs, fut le premier à se ranger de son côté. « L'attitude de la chaîne était caricaturale, se souvient Duchovny dans une interview de 1996. Il suffit de la regarder pour voir qu'elle est belle. Et puis, combien de fois voit-on Scully en maillot de bain ? Elle ne mesure pas un mètre quatre-vingts et n'a pas une poitrine de vamp, mais elle a un très joli visage. En fait, on ne la trouvait pas assez grande, pas assez star, pas assez Pamela Anderson. »

Si le jury avait des réticences envers Gillian Anderson, la Fox était fort impressionnée par David Duchovny dans le rôle de l'agent Fox Mulder, convaincu de la réalité du paranormal. Comme Gillian, Duchovny est un être cultivé, parfois songeur, à l'apparence vulnérable. Il s'était déjà fait un nom dans plusieurs rôles étranges comme dans la série érotique pour une chaîne câblée *The Red Shoe Diaries*, il avait interprété le détective privé dans *Twin Peaks* et un innocent pris dans une histoire de serial-killer dans *Kalifornia*. Tout le monde avait l'impression que c'était un bon acteur qui avait trop tendance à s'enfermer dans sa solitude. « Pour beaucoup, David était déjà une star, il avait un beau palmarès, et il était facile de voir ses qualités, dit Carter. Gillian, elle, n'avait presque rien fait, cela a été plus difficile de convaincre les gens qui investissaient leur argent que c'était bien elle, Dana Scully. »

Attendant dans un couloir avant une nouvelle audition, Gillian Anderson était contente d'être allée aussi loin tout en se sentant un peu frustrée d'avoir à se battre contre la production qui voulait faire de Scully une bombe sexuelle. « J'étais convaincue qu'ils voulaient une fille beaucoup plus sexy, et je n'avais vraiment rien d'une vamp. Mais au point où ils en étaient, c'était moi, ou tout recommencer pour trouver quelqu'un d'autre. »

Son ancien professeur d'université, Ric Murphy, était resté lié avec elle après son diplôme. Il se trouvait dans le public lorsque son ancienne élève avait recueilli les premiers applaudissements pour *Absent Friends*. Il ne fut donc guère surpris de recevoir un jour un coup de téléphone d'une Gillian tout excitée qui lui annonçait la bonne nouvelle. « Elle m'a dit que les choses commençaient à se décanter pour elle, après une période un peu morose à Los Angeles. Je croisais les doigts pour elle. Tout avait bien marché à New York, mais une fois qu'elle fut arrivée sur la côte Ouest, sa carrière semblait fort compromise. Alors, quand elle m'a dit qu'elle avait passé plusieurs auditions pour une série appelée *X-Files* et qu'elle était sur le point de décrocher le rôle, je me réjouissais pour elle. »

« Bonjour, je m'appelle David Duchovny. »

Gillian Anderson leva les yeux vers l'acteur souriant. Elle lui rendit son sourire et lui tendit la main.

« Au fait, ce serait peut-être une bonne idée de répéter la scène avant d'entrer ? »

Dans le froid corridor, le couple commença à échanger les dialogues, allumant dès les toutes premières lectures les étincelles de la chimie particulière qui les lierait pendant toute la durée de la série.

« C'était fantastique, dit Gillian en évoquant ces premiers échanges, je crois qu'on n'a jamais rien fait d'aussi bon depuis. »

Le jour de cette fameuse audition, Duchovny, qui savait déjà qu'il avait obtenu le rôle, est donc entré dans la salle très décontracté, voire même un peu arrogant. « J'étais chez moi, c'était mon rôle, alors, j'ai joué sur un ton un peu sarcastique. Gillian n'en revenait pas ! Elle était choquée qu'on puisse lui parler ainsi. Et c'est exactement la réaction qu'elle devait avoir. Elle a été parfaite. »

Pourtant, les cadres de la Fox n'étaient toujours pas convaincus et, malgré la qualité de la répétition, ils n'étaient pas encore prêts à accorder leur confiance à Gillian Anderson. Chris Carter devait monter au créneau une fois de plus pour leur faire entendre raison. « Quand Gillian et Duchovny ont quitté la pièce, je me suis levé et j'ai déclaré que je ne voulais pas d'autre actrice pour ce rôle. C'était Gillian ou personne. »

Carter savait qu'il se mettait en danger avec ce genre de propos. Il n'avait rien à son crédit qui pût justifier un tel ultimatum et il savait parfaitement que des émissions, et même des carrières, s'étaient effondrées pour moins que cela. Il y eut un long moment de silence. Puis, peu à peu, les cadres commencèrent à sourire.

« Ils m'ont prise et, à vrai dire, j'étais étonnée. Non, plus que cela, j'étais complètement abasourdie », dit Gillian.

Guère plus abasourdie que lorsqu'elle rentra chez elle pour découvrir, parmi la publicité et les factures, son dernier chèque du chômage. Gillian était officiellement rayée des listes, et *Aux frontières du réel* lui ouvrait les portes de la gloire.

Les beaux jours de sa relation avec Choate étaient bien loin, et la séparation approchait dangereusement. Philosophe, elle ne voyait malgré tout que le bon côté des choses : « J'aurais pu mettre un terme à la relation, rester à New York sans jamais aller à Los Angeles. Mais si je n'avais pas vécu avec lui, je n'aurais jamais eu la chance de jouer dans *X-Files.* »

Il n'y avait donc plus personne pour la retenir à Los Angeles lorsqu'elle apprit que la série serait filmée à Vancouver, dans un ensemble de bâtiments et de décors connus sous le nom de North Shore Studios.

Pendant dix mois, elle allait tourner quinze heures d'affilée, de jour comme de nuit, sous un climat rarement hospitalier.

Comme lors du tournage du pilote, ce n'était en fait que la quatrième fois que Gillian Anderson se trouvait devant une caméra, on ne risquait pas de trop se tromper en affirmant que ses tremblements n'avaient pas grand-chose à voir avec le froid. « Ah oui, le stress, le trac, je peux vous en parler ! dit-elle, avec une moue dédaigneuse. J'ai décroché le rôle pour *Aux frontières du réel* à vingt-quatre ans, une période où j'essayais encore désespérément de me trouver moi-même. J'étais désemparée. Je ne savais pas ce que je faisais. Je ne savais pas ce qu'était un repère, je n'avais aucune idée de la façon dont on faisait un feuilleton télé. Je savais à peine ce qu'était un pilote, il me semblait simplement qu'après, on tournerait la série. J'étais très naïve, beaucoup de points restaient dans l'ombre. Heureusement, David était là pour me prendre sous son aile. Il était très rassurant, et j'en avais besoin, parce que sans lui, j'aurais été saisie de panique. » Effectivement, Gillian Anderson eut des problèmes dès les premiers jours du tournage à Vancouver. Il est fréquent, dans les premiers jours, de refaire de nombreuses prises d'une scène assez simple parce que l'acteur n'est pas sur ses repères ou se trompe dans le maniement d'un accessoire. « J'étais toujours en train de me demander qui était vraiment Scully, et j'en devenais complètement paranoïaque. Chaque fois que les producteurs nous convoquaient pour une réunion, j'étais persuadée que j'allais être renvoyée. »

Gillian Anderson, la jeune recrue parmi les jeunes recrues, qui avait fait ses classes au théâtre avait, étonnamment, un mal fou à retenir son texte. Malcolm Marsden, coiffeur sur le plateau, se souvient que « David était très embêté, car il avait déjà travaillé sur des longs métrages et n'avait aucun problème avec ses dialogues, mais il respectait sa partenaire parce qu'elle travaillait dur ».

L'équipe et les autres acteurs ne tardèrent pas à se rendre compte que les vedettes d'*Aux frontières du réel* venaient de deux mondes totalement opposés, mais immédiatement, Gillian Anderson et David Duchovny, d'après ceux qui les voyaient quotidiennement, furent considérés comme deux êtres intelligents avec lesquels il était très agréable de travailler. Et quand le réalisateur criait « action », tout le monde appréciait leur conscience professionnelle.

Le metteur en scène Jerrold Freedman qui a dirigé les acteurs pour les épisodes de la première saison « Un fantôme dans l'ordinateur » (« *Ghost in the Machine* ») et « Renaissance » (« *Born Again* ») voyait Duchovny comme quelqu'un à qui on peut parler de tout. « Gillian, au contraire, était très concentrée sur son personnage et sur ce qu'elle faisait. Elle travaillait toujours très dur. Elle comprenait parfaitement les indications et posait toujours les bonnes questions. »

Carter a toujours eu une confiance absolue en Gillian Anderson, mais, juste avant le début du tournage, il prit une petite décision d'esthétique qui fait encore rire l'actrice. « Il a voulu faire disparaître une marque de naissance, dit-elle en décrivant le maquillage quotidien qui dissimule la petite tache sur sa lèvre. Chris trouvait qu'il n'y avait pas assez de place sur mon visage pour elle. Simplement intitulé *X-Files* (traduit par « Nous ne sommes pas seuls »), le pilote présente les héros – le loup solitaire Fox Mulder et sa nouvelle assistante, la froide Dana Scully toujours sereine qui ne se départ jamais de son esprit logique – en les faisant évoluer dans une affaire de morts mystérieuses d'adolescents, peut-être liées à la présence d'extraterrestres. Dès le début du tournage, Gillian Anderson s'est rapidement adaptée à ce que David Duchovny décrit comme les « rigueurs de trop nombreux motels et de petits bois sombres dans lesquels on se promène toujours au beau milieu de la nuit ».

C'était la fin d'une longue journée de tournage, au milieu de nulle part, pour une séquence où Mulder et Scully affrontent l'inconnu en plein orage. La pluie, fournie par un canon à eau, se déversait sur les acteurs depuis des heures, et, trempé jusqu'aux os, tremblant de froid, épuisé, Duchovny n'avait qu'une envie, qu'on lisait dans ses yeux écrite en lettres majuscules : « RENTRER CHEZ LUI ». Mais tout le monde ne partageait pas son avis.

« C'était irréel, se souvient David Duchovny, qui parle sur son ton toujours neutre, elle en redemandait, comme si elle voulait avoir encore plus froid, être encore plus mouillée. A un moment, elle s'est tournée vers le canon à eau en criant : “Allez-y, plus fort !” »

L'actrice qui s'enorgueillit de sa bonne condition physique ne flanchait pas lors des scènes d'action. « Je me suis tout de suite sentie prête à faire mes propres cascades. » Mais tout d'abord, elle dut apprendre le maniement des armes qui lui était totalement inconnu. « J'étais très maladroite, je ne savais même pas tenir un pistolet, et, au début, je le prenais presque à pleine main, il fallait qu'on me rappelle à l'ordre. »

On s'aperçoit vite que Gillian Anderson avait parfaitement compris le personnage de Scully. Dans une scène du pilote, elle va voir Mulder dans sa chambre de motel vêtue d'une simple chemise de nuit quelque peu évocatrice pour lui montrer des marques étranges sur son dos qui ne sont en fait que des piqûres de moustiques. Mais déjà, Gillian sentait que la psychologie des deux personnages ne permettrait pas qu'un tel incident se reproduise, même si elle s'était prêtée au jeu. « Il s'agissait du pilote, j'avais enfin trouvé le travail que je cherchais depuis si longtemps, et la scène était déjà écrite comme cela, raconte Gillian avec un petit rire nerveux, mais il n'y avait aucune raison pour que j'apparaisse en sous-vêtements, on aurait tout aussi bien pu décider que les marques se trouvaient sur l'épaule. Cela ne s'est produit qu'une fois, et je vois mal une scène aussi ambiguë se renouveler. »

Immédiatement conscient que les gens en voyaient plus que ce qu'il avait voulu y mettre, Carter explique : « C'était une scène délibérée. A ma manière, je disais que la relation entre Mulder et Scully resterait platonique. » Les craintes sous-jacentes de Gillian Anderson, qui redoutait qu'une fois les beaux discours terminés elle ne joue plus que le rôle de faire-valoir, disparurent dès le tournage de « Gorge Profonde » (« *Deap Throat* »), le deuxième épisode, dans lequel Scully braque un revolver sur un agent de la sécurité en criant : « Mains sur la voiture, allez, plus vite ! » « Je voulais que Scully soit l'égale de Mulder sur tous les plans, précise Chris Carter, lorsqu'il explique pourquoi il a prévu une scène aussi dure si tôt dans la série. Pour moi, il était important que le public comprenne immédiatement qu'elle n'aurait jamais besoin d'appeler à l'aide. »

Dès ce même épisode, Gillian Anderson et David Duchovny eurent l'occasion d'apprécier à quel point le tournage d'*Aux frontières du réel* serait exigeant. « On était censés se retrouver au milieu de nulle part, en train d'observer des ovnis qui montaient à l'horizon et se séparaient, se souvient Gillian. Il était deux heures du matin, et le réalisateur courait dans tous les sens par un froid glacial en criant : « Bon, ils arrivent, vous êtes stupéfaits ! » On devenait fous à essayer d'ajuster notre regard afin de faire croire que nous suivions ce qui se passait dans le ciel. » En fait, pour Gillian Anderson, le tournage de « Gorge Profonde » résume toutes les difficultés que la jeune actrice a éprouvées pour s'adapter à la télévision. « J'avais beaucoup de choses à apprendre sur les aspects techniques, reconnaît-elle, surtout lorsque nous avions des scènes qui nous opposaient. Et puis, quatre-vingt-dix pour cent des épisodes sont tournés en dehors de tout ordre chronologique. Alors, quand on reçoit le script, il faut immédiatement comprendre les différents états émotifs et psychologiques de nos personnages. »

Pendant toute la préproduction, Carter et son équipe se demandèrent quel genre de vie affective et sentimentale allait mener l'agent Scully. Finalement, ils décidèrent qu'elle n'en aurait pas du tout et réglèrent définitivement le problème avec « Le Diable du New Jersey » (« *The Jersey Devil* »). La trame de l'épisode, un remake assez fade de la légende de Bigfoot, autorise un dernier rendez-vous amoureux à Scully avant qu'elle ne décide que la conquête du monde étrange de Mulder sera finalement un emploi à temps complet. Gillian Anderson, qui accorde beaucoup d'importance à cet élément, convient que « cela aurait été intéressant de voir Scully jouer sur le mode de la séduction, cela aurait permis d'explorer sa vie personnelle. Mais je crois que, justement, tout tient grâce à cette absence de vie privée. Il n'y a pas de place dans le scénario pour que les auteurs puissent s'intéresser à nos vies sur le plan personnel. Il faudrait environ une vingtaine de minutes consacrées à l'un ou à l'autre, c'est trop juste, le reste de l'intrigue est trop dense. »

La première émission fut diffusée le 10 septembre 1993. Bien que l'épisode, indépendamment du fait qu'il passait sur une chaîne à plus faible diffusion que les grands réseaux, soit tout à fait en queue des taux d'écoute, *Aux frontières du réel* s'attacha presque immédiatement le public des passionnés de science-fiction. Mais pour ceux qui travaillaient à la production, et en particulier pour Gillian Anderson, la série n'en était encore qu'à ses premiers balbutiements.

Par exemple, Gillian Anderson, considérée comme une actrice très expressive, même lorsque les exigences dramatiques voulaient le contraire, dut apprendre à modérer son style pour s'adapter à la sorte de neutralité nécessaire à la série, qui donne un peu l'impression que les personnages se fondent dans le paysage glauque des épisodes. « Jouer de façon aussi retenue, ce n'est en général pas mon style, déclare Gillian Anderson en repensant au voyage d'exploration de la première saison : "Projet Arctique" ("*Ice*"). Les scénarios se contentaient de faire des allusions à ce qui se passait, les textes étaient écrits de manière très neutre. Je crois que David et moi, on s'est habitués à jouer en sourdine quand nous travaillions ensemble, et comme on le faisait très souvent, cela devenait une des caractéristiques de la série. »

« Projet Arctique », l'épisode dans lequel Mulder et Scully se retrouvent piégés dans une station polaire à la merci d'un parasite qui les a peut-être contaminés, constitue l'un des premiers moments véritablement effrayant de la série. Moment qui conduit même à un véritable choc, car, pour la première fois, Mulder et Scully se menacent d'une arme. « Je crois que cet épisode a marqué l'un des tournants de la série pour nous, se rappelle l'actrice. Un vent de panique souffle sur les personnages, et c'était très intéressant à jouer pour les acteurs. Un grave conflit oppose Mulder et Scully. Lui, il veut préserver la créature et l'étudier, et moi, je veux la détruire immédiatement. La scène où Mulder et Scully braquent une arme l'un sur l'autre marque un sérieux accroc dans leur relation. »

Le tournage d'*Aux frontières du réel* remettait également en cause la notion du jeu de l'acteur de Gillian Anderson par la quantité de travail physique qu'il exigeait. Il était fréquent qu'elle doivent courir, manier des armes ou se faire sérieusement molester.

Après une scène de bagarre exceptionnellement violente sur le plateau, elle s'est même retrouvée « couverte de bleus ».

Dès le milieu de la première saison, il devient évident que les auteurs ont commencé à avoir un petit faible pour Gillian Anderson, si bien qu'ils lui réservaient des scènes un peu piquantes dans tous les épisodes. Dans « L'Incendiaire » (« *Fire* »), Scully frôle les limites de la jalousie quand une ancienne fiancée de Mulder débarque de Grande-Bretagne ; dans « Le Message » (« *Beyond the Sea* »), Scully vient de perdre son père et doit affronter un condamné à mort qui le lui fait revoir en rêve, un peu à la manière de Jodie Foster dans le *Silence des agneaux* ; et, dans « Masculin-Féminin » (« *Genderbender* »), Scully est presque violée par un membre de la communauté amish.

Réfléchissant sur la série peu après la fin du tournage de « Lazare » (« *Lazarus* »), dans lequel un ancien amant de Scully revient du monde des morts après avoir été tué, et où elle est enlevée pour la première fois (thème récurrent de la série), Gillian Anderson confie : « Au début, je me sentais un peu parachutée, mais ensuite, je me suis habituée au travail spécifique de la télévision, et j'ai fini par modeler le personnage. »

Comme l'équipe travaillait dans un isolement relatif, il n'est guère étonnant qu'elle ait vite formé une famille. Il était inévitable que Gillian ait des relations amicales avec les autres membres de l'équipe, mais elle n'aurait pu prévoir ce qui allait se passer lorsqu'elle a rencontré le directeur de la production, Errol Clyde Klotz.

Leur relation a commencé par des bavardages insignifiants, mais Klotz se souvient que les choses ont vite dépassé le stade d'une simple amitié. « Gillian est quelqu'un de très spirituel. Cela se voyait tout de suite. Il y a eu une sorte de complicité immédiate entre nous. Nous avions l'impression de nous connaître depuis longtemps et de nous rencontrer en chair et en os pour la première fois. »

Aussitôt, Gillian Anderson et Klotz formèrent un couple, même s'ils ne se voyaient pas beaucoup étant donné le peu de temps que leur laissait leur travail, car dès que Gillian et Duchovny avaient terminé un épisode le vendredi, on leur remettait le nouveau scénario qu'ils devaient mémoriser pour le lundi.

Tandis que la vie de Gillian Anderson se réchauffait, la controverse opposant les adeptes d'une aventure entre Scully et Mulder et les inconditionnels de la relation platonique se rallumait. Comme on le voit dans « Le Diable du New Jersey », Scully renonce à sa vie personnelle au profit d'une carrière professionnelle de plus en plus passionnante auprès de Mulder. En repensant à cet épisode, Carter développe les présupposés philosophiques qui se cachent sous cette attitude : « C'est un moment qui explique comment les choses évoluent, comment les gens prennent les décisions avec lesquelles ils doivent vivre ensuite. » Mais, une fois Scully symboliquement libre, il fut de nouveau question d'envisager une relation physique entre les deux agents. « Ce n'est pas dans la problématique de la série, rétorque Gillian Anderson, fatiguée de toujours entendre les mêmes questions lors d'une interview de 1994. Si nous avions une relation amoureuse, cela nous détournerait de notre objectif principal, et tout irait à vau-l'eau. Notre relation doit absolument rester platonique. »

Duchovny, comme il l'a affirmé lors d'une conversation qui eut lieu pendant le tournage de la première saison, pense lui aussi que c'est pour privilégier la créativité qu'on a exclu toute aventure amoureuse entre Mulder et Scully. « Une amitié et une relation de travail intense avec une femme se révèlent beaucoup plus intéressantes. Je suis sûr que Gillian vous dirait la même chose. Il n'y a rien de plus facile que de se retrouver au lit, il n'y a pas besoin de beaucoup d'imagination pour cela. » Le manque d'imagination devait être néanmoins la chose la mieux partagée du monde parmi les cadres des studios, car, selon l'ancien scénariste James Wong : « La première question qu'ils posaient, c'était : "Quand vont-ils coucher ensemble ?" » Et la réponse, précise un des directeurs de production, était invariablement : "Quand les poules auront des dents." Dès le début, nous avons décidé que c'étaient deux personnes qui s'aimaient et se respectaient beaucoup. Une aventure entre Scully et Mulder ? Non, pas sur cette planète. Je crois que dès le moment où ils partageraient le même lit, tout serait fini pour eux, et tout serait fini pour la série aussi, très certainement. »

Au lieu de tensions sexuelles, *Aux frontières du réel* fait traverser à Scully des états émotionnels très forts. Dans l'épisode « L'Eglise des miracles » (« *Miracle Man* »), l'histoire d'un jeune guérisseur qu'on suspecte de ne pas être très honnête, l'agent Scully, à l'esprit normalement raisonnable et logique, est confrontée à son propre sens de la spiritualité. « L'année dernière, ils ont commencé à s'intéresser au côté spirituel de Scully, dit Gillian qui reconnaît que le caractère scientifique du personnage lui a toujours posé des difficultés car, personnellement, elle a souvent tendance à croire à l'invraisemblable. « C'est intéressant d'interpréter le rôle de quelqu'un qui a une totale confiance dans ses certitudes et qui les voit soudain bouleversées par l'expérience. »

Quand elle parle de la première saison, on comprend que l'actrice a dû affronter bien des problèmes pour interpréter ce rôle. « La plupart du temps, il faut totalement faire semblant. Quand Scully est en colère ou qu'elle a peur, je peux tirer ça de mon expérience. Mais quand j'ai affaire à des rencontres du troisième type ou à des tueurs en série, je dois avoir recours à mon imagination. Les dialogues sont très difficiles aussi. Comme ils sont très techniques, j'ai parfois du mal à les mémoriser et encore plus à les verbaliser de manière intéressante. »

L'impression que son alter ego évolue de semaine en semaine se confirme avec des épisodes comme « Quand vient la nuit » (« *Darkness Falls* »), « Le retour de Tooms » (« *Tooms* »), « Renaissance » (« *Born Again* ») et « Roland » (« *Roland* »), qui lui font vivre un vertige de dimensions nouvelles et d'émotions puissantes. Pour un premier rôle dans une série hebdomadaire, Gillian Anderson pense qu'elle est tombée sur la perle rare. « La relation entre Mulder et Scully est de plus en plus intense, c'est une progression naturelle. Ce n'est pas quelque chose que nous avons travaillé. C'est simplement la suite logique du chemin que nous avons emprunté. »

Avant qu'on la lui pose, Gillian Anderson pense à la question inévitable : « Quand vont-ils enfin passer la nuit ensemble ? » et répond : « Il y a entre les deux personnages une sorte de tension qu'on dirait tout droit sortie d'un film des années quarante. Si on regarde ce qu'on a fait jusque-là, on s'aperçoit qu'il y a eu des tas de moments d'une grande intimité sans que cela soit jamais lié à la sexualité. Alors, dès qu'il y a le moindre contact entre Scully et Mulder, cela en est d'autant plus émouvant. Quand on est virés tous les deux, et qu'on se touche la main, cela ne veut rien dire. » Son ton grave s'éclaircit et elle rit franchement si l'on insinue que Scully a déjà pensé à Mulder « de cette façon ». « Je crois qu'il y a des moments où elle est complètement sous le charme, mais je ne crois pas qu'elle l'ait jamais imaginé nu. »

Même dans leurs élans les plus optimistes, les producteurs de la série n'auraient pu rêver d'une relation hors plateau plus équilibrée entre Gillian Anderson et David Duchovny. L'humour pince-sans-rire de l'acteur, son humeur souvent morose contrastent totalement avec la naïveté et l'enthousiasme parfois enfantins de Gillian. Duchovny était un professionnel expérimenté, et Gillian Anderson une nouvelle recrue tout à fait capable de commettre des erreurs de débutante. En fait, les gens attendaient avec impatience l'étincelle qui prouverait que le lien qui se développait entre les deux acteurs n'avait plus rien de commun avec la relation mystérieusement platonique à laquelle la première saison nous avait fait croire. Mais, observateurs comme ils l'étaient, les membres de l'équipe avaient remarqué que la sorte de code secret qui s'était établie entre les acteurs était devenue, lors de la deuxième saison, un élément de leur relation professionnelle. Peu de mots leur semblaient nécessaires, mais c'était toujours les mots justes car le couple de partenaires nageait dans une sorte de grâce. Très concentrés et très détendus à la fois, selon la responsable des costumes, Gillian Kieft, ils étaient très conscients de leurs humeurs mutuelles. « Ils se comportent de la même manière à l'écran et dans la vie, dit-elle. Ils s'entraident et ils se respectent. » Si leur relation est aussi harmonieuse, c'est parce qu'ils savent aller chacun leur chemin lorsque leur journée de travail est terminée. « Nous ne traînons jamais, dit David Duchovny lors d'une interview de 1995, nous savons parfaitement tous les deux qu'à tout moment l'être le plus charmant peut se transformer en psychopathe si les pressions deviennent trop fortes. Je m'aperçois immédiatement si Gillian est fatiguée et irritable, et elle a les mêmes intuitions pour moi. Nous avons beaucoup de respect pour la vie privée de l'autre. »

Malgré les liens très serrés qui unissaient le couple Klotz-Anderson, la presse à sensation se fit l'écho de rumeurs selon lesquelles Gillian Anderson et David Duchovny entretenaient une aventure. Les acteurs démentirent aussitôt, sachant tous deux qu'ils risquaient leur place si ces bruits se révélaient fondés. Effectivement, Chris Carter n'hésiterait pas à mettre un terme à la série plutôt que de laisser les acteurs compromettre dans la vie la relation qu'il avait eu tant de mal à élaborer à l'écran.

La maturité grandissante de Gillian, en tant qu'actrice en général et dans le rôle de Scully en particulier, ne cessait de surprendre agréablement les membres les plus sceptiques de l'équipe. Pour le réalisateur David Nutter, qui était présent dès les débuts et a dirigé plus de quatorze épisodes, Gillian a fait des progrès considérables. « J'ai été souvent ému et touché par sa capacité à se montrer honnête, à dire la vérité à des moments de grande intensité émotionnelle. »

La relation avec Klotz s'approfondissait de jour en jour, pourtant, elle n'était pas préparée à voir un phénomène à la *X-Files* s'infiltrer dans sa propre vie. Un jour de 1993, alors qu'elle assistait à une soirée de la Fox pour célébrer le succès de la série, Gillian Anderson s'est retrouvée près d'un médium professionnel du nom de Debi Becker. Becker regarda Gillian, lui posa quelques questions anodines avant de lui annoncer : « Vous allez avoir une petite fille. »

Anderson ne se laissa pas émouvoir. « Non, vous vous trompez, aurait-elle simplement dit, comme elle le relate dans une interview de 1995, c'est impossible, j'ai la série à terminer. »

Quelques semaines plus tard pourtant, après des fiançailles qui durèrent « un peu moins d'un mois et un peu plus d'une semaine », Klotz et Gillian Anderson s'envolèrent pour Hawaii, où, le jour du nouvel an 1994, ils se marièrent lors d'une cérémonie peu orthodoxe. « J'avais déjà été fiancée une fois, avec une bague et un grand dîner, cela m'avait rendue très mal à l'aise, dit Gillian, en parlant peut-être de sa relation avec Choate. Cette fois, c'était d'une simplicité merveilleuse. C'était juste une petite pause, interrompue par les vœux du mariage. Cela s'est décidé sur un tel coup de tête, qu'on a eu du mal à trouver un prêtre. Comme il y avait un temple bouddhiste au bout de la rue, nous y sommes allés. Le prêtre nous a conduits sur son terrain de golf et nous a montré un endroit, qui donnait sur l'Océan. Cela a été une petite cérémonie dans la plus stricte intimité. En fait, il n'y avait que nous et le prêtre bouddhiste à l'emplacement du dix-septième trou.

Les jeunes mariés ont peut-être conçu leur enfant dès la nuit de noces. Gillian Anderson se souvient qu'elle ne s'est aperçue de sa grossesse que deux mois plus tard. Pourtant, elle sentait qu'il se passait quelque chose. « J'étais toujours en train de griffonner. Au début, je ne comprenais pas ce que cela signifiait. C'est plus tard seulement que je me suis rendu compte que je dessinais des embryons. » Elle était également souvent prise de nausées et fatiguée, mais elle en rejetait la cause sur un gros rhume, affection dont souffrait régulièrement toute l'équipe.

Ainsi, sans le savoir, Gillian Anderson a continué à mettre sa grossesse en danger en travaillant de longues heures sur le tournage d'*Aux frontières du réel*. Le surmenage et la violence des activités physiques lui faisaient courir de gros risques. Gillian Anderson frémit encore en repensant au tournage de « Vengeance d'outre-tombe » (« *Young at Heart* »). « Un tueur en série me tirait dessus, se souvient-elle. On refaisait les prises les unes après les autres. A chaque fois, je tombais sur le dos. A un moment, j'ai même failli tomber à la renverse contre une colonne de marbre. Je ne savais pas encore que j'étais enceinte à l'époque. »

Pas encore sûre de son état lors du tournage du chef-d'œuvre du suspense qui devait marquer la fin de la première saison « Les Hybrides » (« *The Erlenmeyer Flask* »), elle pense aujourd'hui que cela a pu avoir une influence sur sa manière de jouer. « J'étais enceinte, et cela se ressentait dans certaines scènes. J'avais l'impression de devoir lutter pour rester en contact avec le personnage. Quand une femme attend un enfant, elle perd un peu conscience de sa propre personnalité. Je n'étais plus celle à qui on avait attribué le rôle de Scully au début. »

« Cela m'a fait un choc, dit Gillian Anderson en parlant du moment où elle a découvert qu'elle attendait un enfant. J'avais peur que cela ne soit la fin de mon rôle. Scully est censée poursuivre les méchants, et j'allais devenir énorme et je serais incapable de bouger. »

Songeant à son avenir, elle réfléchit à sa vie qui s'était étrangement accélérée : en un an, d'actrice au chômage elle était presque devenue une star, elle s'était mariée et elle attendait un enfant. « Je n'espérais pas voir tout arriver si vite. Sur le moment, cela ne me paraissait même pas trop d'un seul coup, ce n'est que plus tard que j'ai eu cette impression. Ce n'était pas tout à fait comme si j'avais dû prendre toutes ces décisions de plein gré, mais j'avais l'impression que j'allais devoir payer pour tout cela. »

Pendant quelques jours, l'actrice se mura dans le mutisme et la solitude. Pourtant, peu de gens s'en aperçurent, les rigueurs d'*Aux frontières du réel* provoquant souvent ce genre de réaction. Mais, intérieurement, Gillian luttait farouchement contre des émotions contradictoires. Elle était terrifiée à l'idée d'annoncer la nouvelle à Chris Carter. Il avait pris énormément de risques pour elle, et elle se demandait vraiment quel effet allait produire cette petite bombe. Il fallait pourtant bien qu'elle se confie à quelqu'un...

Lors d'une pause pendant une journée de tournage particulièrement éprouvante, Gillian Anderson alla frapper à la caravane de David Duchovny. Il paraissait très fatigué sur le plateau, et il avait fallu faire de nombreuses prises des mêmes scènes. Ce n'était sans doute pas le jour idéal pour lui annoncer la nouvelle, mais Gillian avait décidé que ce serait maintenant ou jamais. La porte s'ouvrit. Duchovny lui sourit et lui fit signe d'entrer. Il pensait qu'elle voulait lui parler d'une modification du scénario, comme cela arrivait si souvent. Mais, ce jour-là, il comprit vite qu'elle avait des problèmes bien plus graves à l'esprit.

– David, je suis enceinte.

– Ô mon Dieu !

« Il est devenu tout pâle, se souvient Gillian Anderson, il avait les genoux qui flageolaient. »

Il y eut un moment de silence qui semblait ne pas finir. Dans un ton assez proche de celui qu'il emploie dans le rôle de Mulder, David lui demanda enfin : « Tu es contente ? » Gillian Anderson réfléchit un instant, écarquillant ses yeux tristes.

– Oui, je suis contente.

© T. Charles Erickson

Gillian interprète Celia, au Long Wharf Theater, dans *The Philantropist*, de Christopher Hampton.

© John Paschal/Celebrity Photo

Gillian et son ex-époux, Errol Clyde Klotz, en 1995, lors de la cérémonie de remise des Golden Globes.

© Albert Ortega/Celebrity Photo

Gillian au micro lors de son unique apparition à une convention de fans, en 1996.

© Scott Downie/Celebrity Photo

Gillian et David Duchovny, son partenaire dans la série, lors d'une soirée qui n'a rien de paranormal à Los Angeles en 1996.

© Scott Downie/Celebrity Photo

Gillian Anderson, David Duchovny, Chris Carter, l'esprit d'acier de la série, avec Glen Danzig et Rob Zombie, rockers heavy metal.

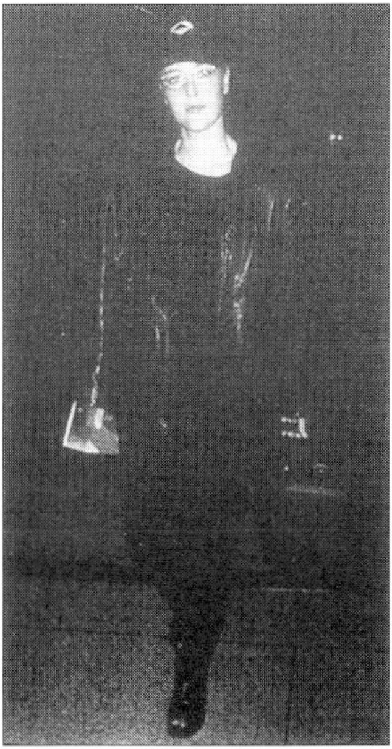

Gillian à l'aéroport de Los Angeles après la cérémonie des Emmys, en 1996.

© John Paschal/Celebrity Photo

Au bras de David, Gillian est acclamée par ses fans avant la cérémonie des Emmys où elle fait partie des nominés en 1996.

© Scott Downie/Celebrity Photo

Gillian et son véritable amour, le monstre de « L'Hôte », au cours d'une soirée donnée en l'honneur d'*Aux frontières du réel*, en 1996.

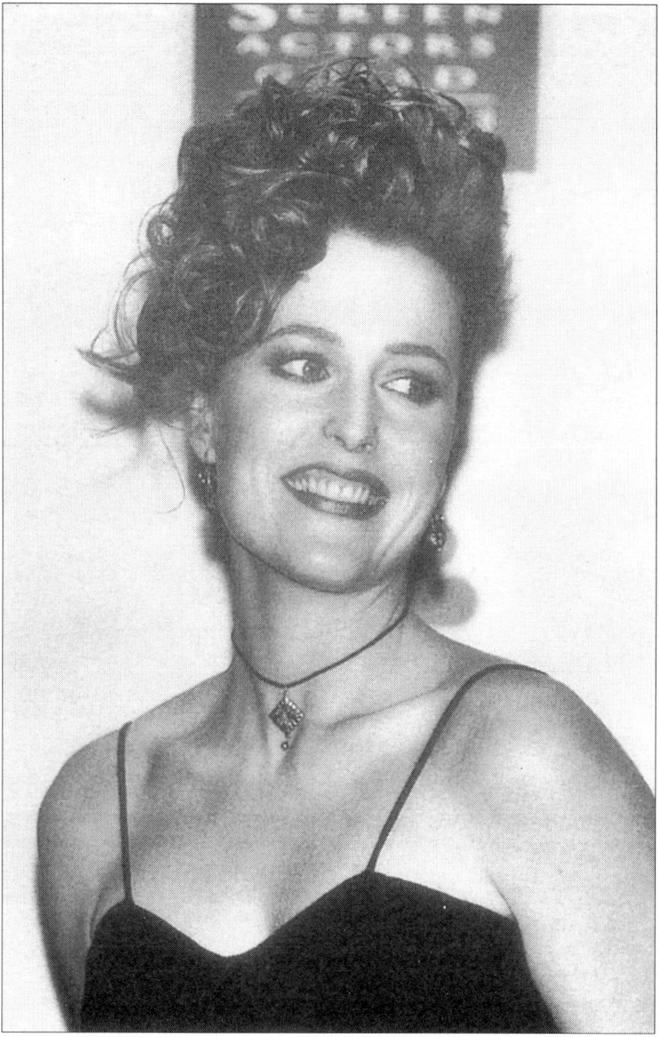

© Kevin Winter/Celebrity Photo

Gillian Anderson, radieuse, et très peu Scully, lors de la cérémonie de remise des prix de la Screen Actors' Guild.

6

UNE TRÈS COURTE PAUSE

Gillian Anderson quitta la caravane de son coéquipier et retourna lentement vers le plateau. Elle regarda les autres membres de l'équipe, dit bonjour à certains, sourit à d'autres, tout en se demandant comment ils allaient réagir. Si, comme on pouvait s'y attendre, David Duchovny s'était immédiatement montré amical et réconfortant, il avait également insisté pour que Gillian annonce la nouvelle à Carter immédiatement.

Cet « immédiatement » dut malgré tout attendre quelques semaines. Duchovny demandait régulièrement des nouvelles de la santé de Gillian, car, à part Klotz, il était le seul dans la confidence. Il lui demandait aussi systématiquement si elle avait enfin prévenu Carter ou quand elle avait l'intention de le faire. Gillian n'avait pas de réponse toute prête, car, plus les signes de la future naissance se multipliaient, plus sa peur augmentait. Pourtant, elle était bien décidée à prendre les bonnes décisions. « Dès le début, j'étais déterminée à conduire ma grossesse jusqu'au bout, confie Anderson peu après la naissance de son enfant. Je savais quels risques entraînait une telle décision, je pouvais même finir par y perdre mon travail. Et je savais aussi que même si je ne perdais pas mon rôle, je le regretterais peut-être tant il faudrait que je me batte pour le défendre. »

Elle s'efforçait de garder ces pensées pour elle-même, mais son mari qui, une fois le premier choc passé, se réjouissait de cette paternité à venir, devinait parfaitement les conflits moraux qui tourmentaient son épouse. « Nous gardions le silence en nous demandant chacun de notre côté quelles allaient être les répercusions de cette naissance, dit Klotz en repensant aux premiers jours de cette découverte. J'imagine facilement que Gillian envisageait les pires scénarios possibles. Mais elle n'est pas du genre à parler de ces choses-là. Elle aurait eu trop peur de tenter le destin en évoquant de telles catastrophes. »

Gillian Anderson avait très envie de continuer l'expérience *X-Files*, car cette deuxième saison était décisive pour la série, qui, si elle se gagnait un public solide dans le monde de la science-fiction, ne réalisait encore que des taux d'écoute fort moyens. Gillian se rendait compte que si l'emploi du temps était respecté, sa grossesse serait visible dès les premiers épisodes de la seconde saison, et serait impossible à dissimuler vers le huitième épisode.

Avant d'aller si loin, il fallait déjà prévenir Carter, ensuite, la décision lui appartiendrait.

Les divers commentaires donnent des versions fort différentes de la réaction de Carter. Plus d'une publication relate que Carter était fou furieux. « Bien sûr, cela lui a fait un choc, se souvient l'actrice. Je ne crois pas que Chris ait été vraiment enchanté. » Plusieurs sources proches de la série qui préfèrent garder l'anonymat prétendent que « Carter allait exploser. Il voulait se débarrasser d'elle ». Mais le producteur-auteur fut prompt à mettre un terme à ces récits en affirmant qu'il n'avait « jamais envisagé de la remplacer ». C'était « un pur mensonge ».

« Surpris, un peu choqué et déçu, » il se rangea pourtant aux côtés de Gillian et décida de poursuivre le tournage malgré tout. Il s'agissait de faire fonctionner les choses tout en restant dans le style d'*Aux frontières du réel*. « Nous n'avions pas encore écrit les scénarios dans lesquels elle devait jouer quand nous avons appris la nouvelle, précise-t-il en 1995. C'était un plus gros problème que ceux que nous avions prévus, mais c'est pour cela que sont faits les auteurs, pour résoudre les problèmes. »

Howard Gordon, le producteur, était déjà familiarisé avec ce genre d'incidents. En tant qu'auteur principal de la série *Beauty and the Beast*, il dut intégrer la grossesse de Linda Hamilton dans les épisodes. « Et en y repensant, je crois que c'était plutôt une erreur. Une chose est sûre, Gillian nous a posé un sacré défi à relever en nous annonçant la nouvelle. »

Tandis que Carter, Gordon et les autres auteurs se torturaient les méninges afin de prendre en compte l'heureux événement tout en respectant la logique de la série, les médias apprirent également l'information. Aussitôt, les journaux professionnels d'Hollywood et le bouche à oreille répandirent des rumeurs insinuant que la chaîne faisait pression sur Carter pour qu'il se débarrasse de Gillian Anderson et choisisse une autre actrice. D'un tempérament généralement calme, Chris Carter explosa. « Une partie du succès de la série reposait sur l'intérêt du public pour les personnages. Modifier la distribution à ce point, quelles qu'en soient les raisons, aurait porté un coup fatal à l'émission. Je peux affirmer que jamais personne à la Fox n'a essayé de me faire attribuer le rôle de Scully à quelqu'un d'autre. »

Même si Carter dément fermement toutes ces rumeurs, la réponse définitive tardait à venir, ce qui donnait à Gillian, qui connaissait déjà les joies des premières nausées matinales, une autre cause d'insomnie. Toujours heureuse d'être bientôt maman, elle se souvient cependant d'avoir redouté que son avenir professionnel ne soit totalement compromis. « La maternité fait souvent peur, et je n'échappais pas à la règle. La série pouvait peut-être très bien continuer sans moi. D'ailleurs, même si elle s'était effondrée, j'aurais été prise au beau milieu de la tempête. C'était une période très difficile pour moi et pour tous ceux qui avaient la responsabilité de la distribution... Je m'attendais au pire. Je prenais une grande décision personnelle et, pour moi, cela comptait beaucoup plus que la série. J'étais prête à encaisser les coups qui ne manqueraient pas de pleuvoir. »

Les pressions se faisaient vraiment ressentir. Il était bientôt temps de proposer les scénarios de la seconde série. Au début, il fut question d'intégrer la future maternité de Gillian dans les épisodes, mais cette idée fut vite abandonnée, car un agent du FBI enceinte, donc, plus tard, un agent du FBI avec un bébé sur les bras ralentirait les procédures et ne serait plus dans la tonalité générale de l'émission. Une proposition encore plus scabreuse avait été avancée. « Des rumeurs prétendent qu'on aurait même envisagé que Scully mette au monde un hybride d'extraterrestre, dit Howard Gordon en ricanant, dans une conversation de 1995. Bien sûr, nous avons tout de suite écarté cette possibilité. »

Pour ajouter un peu au suspense, dès le début 1995, on apprit que l'actrice venait de recevoir le prestigieux Golden Globe Award de la meilleure actrice d'une série télévisée. Ce fut une surprise pour tout le monde et surtout pour Gillian qui resta totalement abasourdie en entendant son nom. « Je ne m'en doutais absolument pas, je ne comprends toujours pas. Et c'est tant mieux, cela m'évite d'attraper la grosse tête. »

Finalement, on choisit de résoudre le problème en l'ignorant totalement. Gillian Anderson apparaîtrait dans les cinq premiers épisodes de la nouvelle saison, mais de plus en plus brièvement au fur et à mesure de l'avancement de sa grossesse. Dès le cinquième épisode, « Duane Barry » (« *Duane Barry* »), Scully serait kidnappée par un ancien agent du FBI devenu fou après avoir été enlevé par des extraterrestres. Ainsi, l'absence de Scully serait effectivement expliquée lors des derniers jours de la grossesse et, grâce à l'usage d'une scène de rêve tournée précédemment, elle ne serait complètement absente que dans un seul épisode avant de revenir dans le huitième, « Coma ».

Les auteurs et les cameramen déployèrent une ingéniosité fantastique pour que Gillian Anderson maintienne le plus longtemps possible une certaine activité malgré les vingt kilos superflus, pour ne la laisser prendre quelque distance qu'au début de la seconde série. De nouvelles scènes furent ajoutées dans des scénarios déjà terminés où Scully se contentait de répondre au téléphone ou de rester devant un ordinateur. L'actrice commença à porter des blouses et des vestes un peu amples. Quand il fallait absolument qu'une Scully à la taille de guêpe apparaisse à l'écran, on faisait appel à une doublure. « Il y a eu beaucoup de prises de vues en gros plan, avoue Gillian lors d'une interview de 1995. On avait recours aux contre-plongées et je portais souvent un imperméable. Tout le monde se moquait de moi en disant que le cameraman utilisait un objectif grand angle ! Mais la caméra n'était pas tendre avec moi. Quand on est enceinte, le corps subit de nombreux changements. Si je revois l'un de ces épisodes, il faut que je détourne le regard tant je me trouve bouffie. Mais étant donné les circonstances, je n'avais guère le choix, il fallait que je renonce à ma vanité. »

Même si sa présence dans les premiers épisodes de la deuxième saison était réduite au minimum, elle restait parfois indispensable comme dans l'épisode d'ouverture « Les Petits Hommes verts » (« *Little Green Men* »). L'équipe commença à pratiquer ce qu'elle appelait des « tournages bloqués » pour profiter au mieux de son temps limité sans trop souffrir des modifications de son corps. « On a commencé à faire des tournages bloqués. Je travaillais normalement pendant huit heures, sur une période de trois jours, et nous faisions toutes mes scènes, pour que je dispose d'un peu de temps pour me reposer. »

La créativité de l'équipe d'*Aux frontières du réel* est telle que les changements de son apparence sont à peine notables dans « Les Petits Hommes verts » et « L'Hôte » (« *The Host* »). Pourtant, dès le troisième épisode, « Mauvais Sang » (« *Blood* »), les fanatiques au regard exacerbé ne furent pas sans remarquer que Scully disparaissait progressivement dans l'ombre, laissant Mulder opérer largement seul. David Duchovny était lui aussi conscient du phénomène. « Il y avait beaucoup de pressions, raconte l'acteur lors d'une conversation de 1995, pour que nous fassions mieux encore que pour la première saison, mais quand j'ai vu les scénarios, j'ai su que nous y arriverions, malgré l'absence de Gillian. »

Gillian Anderson était surprise de voir avec quelle habileté toute l'équipe s'accommodait de son état. « Les auteurs ont été merveilleux. Il y avait beaucoup de choses que je ne pouvais plus faire, beaucoup de choses que la caméra ne pouvait plus faire tant les angles de prises de vues étaient limités. Tout le monde a accompli des prouesses pour respecter toutes ces contraintes. »

Au septième mois, Gillian Anderson connaissait les affres naturelles liées à son état. Elle était fréquemment prise de nausée entre les scènes, souffrait de sautes d'humeur, et son corps était en perpétuel changement. Pourtant, lors d'une journée de juin, se tortillant inconfortablement sur une chaise, l'actrice prouva que, s'il ne lui restait plus que cela, elle n'avait pas perdu son sens de l'humour. « Je ne suis pas un sex-symbol, dit-elle en posant la main sur son ventre, je suis un symbole de reproduction ! C'est le personnage le moins sexy que j'aie jamais joué. »

Les contorsions créatives atteignirent leur apogée lors du tournage de « Duane Barry » (« *Duane Barry* ») – première et seconde partie (« Ascension ») – qui raconte comment un ancien agent du FBI enlève Dana Scully et la livre aux extraterrestres pour leurs expériences diaboliques. Ces deux épisodes étaient si étranges, même selon les critères de la série, que, malgré les merveilleuses performances de David Duchovny, de Steve Railsback et de CCH Pounder, on redoutait qu'en essayant de sauver l'émission la Fox ne détruise la crédibilité et l'ambiance de clair-obscur qui forment le fondement même d'*Aux frontières du réel*.

Selon ses propres dires, lors des derniers mois de la grossesse, Gillian Anderson avait été limitée « à des scènes d'autopsie tournées assise ». L'état de Gillian focalisa le grain de folie typique de la série. Non sans un brin d'insolence, Carter et son équipe firent allusion à la grossesse de Gillian au cours d'une scène de supermarché où, se laissant aller à son envie, elle remplit le caddie de cornichons et de glaces. Dans « Duane Barry » deuxième partie, Mulder a une vision terrifiante dans laquelle Scully, victime d'une expérience menée par les forces surnaturelles, a le ventre gonflé comme un ballon. Pour cette séquence, au huitième mois, Gillian Anderson a bien voulu qu'on filme son gros ventre. « Je ne sais pas d'où venait cette idée, se souvient-elle, mais je dois reconnaître que cela m'a fait plaisir. »

Cette petite tricherie est en fait l'exemple le plus provocateur de tout un ensemble de détails qui ont permis à Gillian de poursuivre le tournage. Et personne ne se réjouissait plus du résultat que ceux qui avaient travaillé à la réussite de l'entreprise. Le producteur Howard Gordon dit que la grossesse de Gillian a permis d'insuffler une nouvelle énergie à la série. David Duchovny est le premier à faire remarquer que, malgré le succès d'estime de la première série, les épisodes se moulaient vite dans une formule trop prévisible et souvent monotone. « Le monstre de la semaine, c'est amusant, déclare-t-il lors d'une interview de 1996, mais ce qui rend la série intéressante, c'est le fil conducteur sous-jacent à toutes les histoires. Et je ne suis pas sûr que nous l'aurions découvert sans la grossesse de Gillian. » Une fois que tout était dit, Carter lui aussi se montrait très satisfait : « Je suis très content de la manière dont cette grossesse a enrichi la série au lieu de l'appauvrir. »

L'apparition de Gillian Anderson dans « Duane Barry » deuxième partie fut la dernière avant la naissance. Dans l'épisode suivant, « Vampires » (« *3* »), Gillian est totalement absente et David Duchovny travaille sur une affaire de vampirisme qui met en scène sa compagne dans la vie, l'actrice Perrey Reeves.

Immédiatement, la rumeur se répandit comme une traînée de poudre : « Vampires » serait une sorte de test pour savoir si le couple Duchovny-Reeves pouvait allumer les mêmes étincelles à l'écran que dans leur vie amoureuse. Mais finalement, privé de la chimie particulière des deux acolytes habituels, l'épisode assez plat manque de vie et n'a fait que prouver que le tandem Anderson-Duchovny apportait une magie irremplaçable.

Cependant, à l'approche de l'automne, physiquement comme moralement, Gillian Anderson connaissait des hauts et des bas. Quand elle avait la force de se lever et de sortir, elle ne pouvait marcher qu'à petits pas et très péniblement. Chez cette actrice généralement radieuse, le sourire se faisait rare et plutôt forcé. Pourtant, malgré la douleur, les coups de pied dans son ventre lui apportaient beaucoup de joie. « Quand une femme est enceinte, pendant un moment, elle se sent dans la peau d'une personne différente. Plus rien ne me semblait familier. J'avais triplé de volume, et j'avais un bébé qui me donnait des coups de pied dans le ventre en plein tournage. J'étais heureuse, mais la situation n'était pas facile. Pourtant, je me réjouissais d'être bientôt maman. »

Gillian Anderson éprouve encore beaucoup de reconnaissance pour l'équipe et les acteurs qui se sont montrés très présents. « Tout le monde venait me voir sur le plateau avec quelques mots d'encouragement. Les gens me téléphonaient souvent. C'était très important de se sentir soutenue. Je traversais des moments difficiles et je ne sais pas si j'y serais arrivée sans eux. » Malgré tout, les tensions qu'imposaient ses apparitions, même réduites, étaient énormes. De plus, les contraintes professionnelles avaient largement éloigné son mari du plateau de *X-Files* car il devait souvent partir à l'extérieur de la ville. Peu après le mariage, le couple s'était installé dans un trois-pièces anonyme à Vancouver où ils vécurent eux-mêmes *Aux frontières du réel*. « Quand nous nous sommes installés dans notre nouvel appartement, j'avais l'impression qu'il y avait des esprits avec nous, confie Gillian lors d'une conversation de 1995. C'était très étrange.

Il me semblait qu'il y avait un être qui était attaché à moi. C'est là qu'un habitant de la ville nous a expliqué que nous vivions près d'un ancien cimetière indien. Il nous a raconté qu'il y avait eu autrefois une épidémie de peste qui avait décimé la population et que de nombreuses âmes n'avaient pas trouvé le repos. Alors, il a pratiqué un rituel au cours duquel il a fait brûler des herbes pour purifier l'atmosphère. C'était sidérant. Après, la maison était plus légère, c'était comme si les présences que nous avions senties s'étaient évanouies. »

Les esprits des morts une fois partis, la maison offrait largement assez d'espace pour accueillir le nouveau-né. Malheureusement, alors que le 23 septembre, date prévue pour la naissance, approchait, les médecins redoutaient de plus en plus que le bébé soit en retard et se présente mal. Cela n'avait rien à voir avec la naissance d'un extraterrestre qui alimentait toutes les plaisanteries, mais, au dernier moment, on opta pour une césarienne, car l'accouchement normal serait trop difficile. « Les médecins se sont aperçus que la tête du bébé était trop grosse et qu'elle ne pourrait pas passer. »

Le 25 septembre, deux jours après la date prévue, le lendemain du tournage d'un épisode d'*Aux frontières du réel*, Gillian Anderson entra à l'hôpital de Vancouver où elle donna naissance à une petite fille de trois kilos neuf cents grammes nommée Piper Anderson. « Nous avons choisi le nom en regardant un vieil album de photos de classe de mon mari. Nous sommes tombés sur le nom de Piper et nous avons trouvé que cela correspondait parfaitement à sa personnalité. C'était le nom qu'il lui fallait. »

Avec son mari à son côté, Gillian resta six jours à la maternité et quatre jours chez elle pour sa « convalescence » qui, pour elle, signifiait beaucoup de souffrance. « J'étais bourrée d'analgésiques, Tylenol et autres. Et j'avais des cernes tout bleus sous les yeux après l'opération. »

Gillian Anderson aurait aimé disposer d'au moins un mois de repos et Carter, dans ses moments de générosité les plus optimistes, disait à tous ceux qui lui posaient la question qu'elle « aurait au moins six semaines pour se remettre et passer un peu de temps avec le bébé ». Mais, six jours seulement après la naissance de sa fille, le script de l'épisode suivant, « Coma » (« *One Breath* »), l'attendait dans sa boîte aux lettres. « J'aurais vraiment aimé avoir plus de temps. J'arrivais à peine à bouger, je venais de commencer l'allaitement, et je souffrais toujours beaucoup. Mais les producteurs m'ont dit que je figurais dans l'épisode suivant, et, étant donné les nombreux changements que j'avais imposés à Chris et à toute l'équipe, je sentais qu'il était de mon devoir de retourner travailler s'ils avaient besoin de moi. Je souffrais d'une dépression postnatale et j'avais beaucoup de mal à m'éloigner du bébé, mais il fallait retourner travailler quand même. »

Par chance, dans « Coma », après son enlèvement, Scully se retrouve mystérieusement dans un hôpital de Washington dans un état comateux. Malheureusement, dans ce même épisode, on la voit également dans une barque, au beau milieu d'un lac pour une séquence de rêve.

Toujours un peu flageolante, perdant parfois même l'équilibre, avec son bébé et sa nounou, Gillian Anderson retourna sur le plateau le 5 octobre. Mais elle n'a pas gardé de très bons souvenirs de ce tournage. « Les gens étaient vraiment désolés pour moi. J'étais encore toute bleue après l'opération, je devais être horrible, ce qui était finalement parfait pour la scène. Je suis restée au milieu du lac presque cinq heures, et, croyez-moi, cela n'avait rien d'une sinécure ! Je m'asseyais aussi souvent que possible, je m'allongeais aussi souvent que possible. Je somnolais entre les scènes, parfois, je vomissais. »

Selon la presse à sensation, Gillian Anderson souffrait tant qu'elle se tordait de douleur entre chaque prise. Avec une touche d'humour sadique, l'actrice brode sur le récit des journaux : « J'allaitais et j'avais des seins énormes. Si je les avais percés, j'aurais pu nourrir tout le plateau, vous imaginez ? »

Anderson venait juste de retourner sur le plateau après une pause où elle avait donné la tétée à Piper et avait pu profiter de quelques instants de repos. Un peu chancelante, elle s'était avancée dans la chambre d'hôpital reconstituée, avec une soixantaine de personnes qui s'affairaient tout autour. Elle s'arrêta un instant pour bavarder avec le réalisateur de l'épisode, R. W. Goodwin, qui lui extorqua un sourire en lui annonçant qu'il y avait eu un changement dans son texte. En grimaçant de douleur, elle s'installa sur le lit. Dans la scène, Mulder explose de rage au chevet de sa partenaire inconsciente, alors que Scully reste allongée, immobile. Au signal du metteur en scène, Gillian ferma les yeux. La scène se déroula comme prévu : désemparé, Mulder regarda Scully, ne pensant qu'à se venger.

« Coupez ! » crie Goodwin.

David Duchovny observait Scully toujours allongée, les yeux fermés. Il se tourna vers l'équipe, un grand sourire aux lèvres, et mit le doigt devant sa bouche pour demander le silence.

« Elle dort. »

7

L'INFORMATION EST AILLEURS...

L'épisode suivant, « Infraterrestre » (« *Firewalker* »), raconte l'histoire d'explorateurs perdus au cœur d'un lointain volcan. Ils sont victimes d'une espèce de spore inconnue qui se développe dans le corps humain et finit par faire exploser la gorge et la poitrine, sous la croissance de la plante. Après les scénarios complexes qui ont précédé, cet épisode fort intéressant, même s'il n'est pas le meilleur, marque un certain retour au style de la première saison. Les scènes d'action exigent une grande implication physique, comme dans la séquence où Scully est entraînée dans les profondeurs du volcan par un scientifique contaminé. A cette époque, de l'avis de tous, Gillian n'était pas en mesure de tourner elle-même. « Ils ont engagé une doublure pour me remplacer dans les scènes les plus violentes, mais j'ai quand même dû beaucoup courir et sauter. C'était très éprouvant, physiquement et moralement... J'ai versé beaucoup de larmes silencieuses. C'était horrible. Après mon retour, lors du tournage des premiers épisodes, la seule chose dont j'avais envie, c'était de m'en aller pour retrouver mon bébé. Mais j'aurais eu un procès sur les bras pour rupture de contrat ! »

Gillian Anderson ne recommença à retrouver un peu d'énergie morale que lors du tournage du « Musée rouge » (« *Red Museum* »), un véritable récit d'épouvante dans lequel une secte végétarienne sévit dans une région d'éleveurs de bovins. La présence d'une nurse à plein temps se révélait être une aide précieuse, mais, physiquement, Gillian n'était pas encore en pleine possession de ses moyens. « Malgré tous mes efforts, je n'étais pas au mieux de ma forme, je n'avais pas retrouvé mon équilibre, j'avais encore plusieurs kilos à perdre. Et la maternité me causait des soucis. J'allaitais toujours et, avec un bébé, ce n'est pas facile de se reposer. J'avais l'impression que l'épuisement me poursuivait partout, et le manque de sommeil se lisait sur mon visage. Le directeur de la photographie était tout le temps en train de chuchoter des choses à l'oreille du maquilleur lorsqu'il me maquillait les yeux, et je n'avais pas besoin de chercher bien loin pour savoir ce qu'il lui disait. »

Pourtant, Gillian Anderson pouvait oublier une grande part de sa fatigue et de son épuisement grâce à une équipe d'auteurs qui avait su trouver un second souffle ; leurs excellents scénarios, riches en émotions et souvent terrifiants, permettaient à l'actrice d'exprimer son talent. Parfois, Gillian en avait même des frissons, comme avec « Fantôme » (« *Excelsis Dei* »), qui met en scène une présence fantomatique dans une clinique et s'ouvre sur le viol d'une infirmière par une entité invisible. « C'était très dur, parce qu'il s'agissait d'un viol. J'avais cet élément constamment à l'esprit, mais c'était un très bon épisode pour le personnage de Scully, car, pour une fois, elle croyait un peu plus à ce qu'elle voyait et renonçait partiellement à son image d'éternelle sceptique. »

Les sentiments de Gillian Anderson seront mis à l'épreuve dans « le Fétichiste » (« *Irresistible* »), l'histoire d'un nécrophile qui fait revivre à Scully des flash-back de son enlèvement et où, de manière très réaliste, elle frôlera la dépression nerveuse. D'ailleurs, elle fond en larmes dans la scène finale. Carter se réjouit encore de lui avoir fait vivre une telle intensité émotionnelle dans cet épisode au scénario fondé sur le concept de refoulement. « On ne se rend pas compte de l'effet cumulatif des traumatismes émotionnels qui parfois nous frappent de plein fouet au moment le plus inattendu. Je voulais que Scully soit victime de cet effet de surprise et soit forcée d'affronter une peur dont elle ne connaît même pas l'origine. » « Je devais tourner une scène dans le cabinet d'un psychiatre, et ce fut une excellente journée pour moi, se souvient Gillian. Lors du tournage, j'ai eu de la chance de pouvoir ainsi comprendre, et par la suite maîtriser, quelque chose qui me touchait de très près sur un plan personnel. »

Gillian Anderson est toujours restée très vague à propos de ce « quelque chose », mais il est bien connu que, pendant les mois qui suivirent la naissance de sa fille, elle éprouva quelques difficultés à vivre avec son mari souvent amené à travailler sur d'autres émissions, en dehors de la ville. Et, même si elle a du mal à aborder les aspects trop personnels de son existence, elle a fait quelques allusions à ces petits accrochages du couple. « Juste après la naissance de Piper, nous avons connu une période délicate. Pendant la grossesse, les hommes n'ont pas le temps de s'attacher à l'enfant de la même manière que la mère. C'était comme si, soudain, quelque chose avait surgi entre nous, comme s'il y avait une troisième personne à la maison. Je comprends parfaitement ce que Clyde ressentait. Je donnais beaucoup d'attention et d'amour à l'enfant. Mais un jour, ce n'était plus la mère et l'enfant, avec le père à côté. Nous formions une vraie famille. »

Gavin Blair, un réalisateur d'émissions pour enfants qui a travaillé avec Klotz sur *Reboot* et *War Beast*, a revu plusieurs fois le couple depuis la naissance de Piper et donne ses impressions : « Ils sont très proches l'un de l'autre. Clyde est un chic type, et il semble savoir parfaitement gérer sa vie et celle de Gillian. »

Si l'on insiste un peu, Gillian Anderson avoue que tous les problèmes du couple n'étaient pas dus à la naissance du bébé. « Je ne suis pas facile à vivre. D'ailleurs, n'importe qui serait difficile à vivre dans ma situation. J'ai une volonté de fer et je sais toujours ce que je veux. »

Au fur et à mesure de l'évolution de la seconde saison, il devenait évident, même pour le spectateur lointain, que le suspense qui faisait palpiter le cœur des spectateurs ne reposait pas sur les étincelles amoureuses, réelles ou imaginaires, entre Mulder et Scully. Non, le plus intéressant, c'était de savoir à quel point Scully la sceptique allait commencer à croire en l'univers paranormal dans lequel elle s'enfonçait de plus en plus de semaine en semaine.

Carter reconnaît que Scully en avait déjà « vu de toutes les couleurs au cours des quarante premiers épisodes » et qu'il aurait été « tiré par les cheveux » que le personnage reste tout à fait hermétique face aux phénomènes irrationnels.

Pourtant, lors des réunions entre les producteurs et les auteurs, tout le monde en arrivait à la conclusion que, pour l'équilibre de la série, il était indispensable que Scully conserve une grande part de son scepticisme, sinon, elle risquait de perdre sa crédibilité. Ce paradoxe s'illustre parfaitement dans « Mystère vaudou » (« *Fresh Bones* »), une histoire de culte vaudou dans un campement pour réfugiés haïtiens. Bien que Scully soit elle-même victime d'hallucinations puisqu'elle voit un zombie se matérialiser dans sa main, elle réussit à maintenir une perspective objective.

Gillian Anderson se souvient d'avoir tout particulièrement savouré le scepticisme forcené de son personnage. « J'ai été élevée dans une famille religieuse et militaire, si bien que, pendant toute ma vie, j'ai vécu dans un milieu à l'esprit souvent étroit et obstiné. Je crois qu'il faut très longtemps avant de pouvoir totalement changer de croyances et de système de pensée. »

Il est trois heures du matin, il fait froid, il pleut. Revolver en main, prêts à affronter un monstre encore plus épouvantable que ceux qu'ils ont vus dans les précédents épisodes, Mulder et Scully avancent lentement dans les couloirs de l'aile abandonnée d'une institution psychiatrique. Pour *Aux frontières du réel*, c'est encore une nuit maudite. Les prises se suivent, et on ne voit toujours pas la fin du tunnel de ce qui va être une journée de tournage de seize heures. La nounou de Piper qui veille sur le bébé de six mois dans une caravane toute proche, effrayée par l'ambiance qui règne sur le plateau, s'écrie soudain : « Oh, je n'aime pas ça. Ça me fait peur ! » Pour la centième fois, le réalisateur s'exclame : « Coupez ! On recommence ! » Duchovny a l'air épuisé, et Gillian Anderson semble à l'agonie. Cela fait plus de quatre heures à présent qu'elle n'a pas réussi à prendre la moindre pause pour aller embrasser sa fille. Elle est anxieuse. David s'en aperçoit et il lui masse vigoureusement les épaules. Gillian s'efforce de sourire.

La séquence continue. Au détour d'un corridor, Mulder et Scully découvrent un cadavre sur le sol, dans un état de décomposition avancé. « Bon, crie le réalisateur, apportez les asticots. » Une femme arrive, avec un bocal dans la main, qui contient un morceau de foie cru grouillant de vers. Elle se penche sur la silhouette du cascadeur qui tient le rôle du cadavre et lui verse les asticots sur le corps. Plutôt nerveuse et écœurée, comme tout le reste de l'équipe d'ailleurs, Gillian Anderson se joint au chœur des « Berk ! ». David Duchovny fait une horrible grimace. Les asticots rampent sur le corps du cascadeur et, à un moment, l'un deux glisse sur la paupière. Avec un geste réflexe dû à la fatigue plus qu'à autre chose, Gillian se penche et, d'un claquement de doigts, elle chasse nonchalamment l'infâme bestiole. Elle hausse les épaules et sourit en entendant le tonnerre d'applaudissements.

Finalement, après bien des épreuves, la dernière prise de la journée est en boîte, et acteurs et techniciens peuvent disposer. Gillian se précipite vers la caravane et prend Piper dans ses bras. Immédiatement son attitude change. Elle sourit, heureuse, et berce sa fille en lui parlant gentiment.

L'instinct maternel de Gillian semble parfaitement naturel. L'ami de longue date, le réalisateur Gordon Edelstein, se souvient que pendant la saison du *Philanthropist*, Gillian venait parfois dîner chez lui. « Dès que Gillian franchissait la porte, ma plus jeune fille lui sautait dans les bras et, aussitôt, elles s'asseyaient toutes les deux par terre et se lançaient dans un jeu ou un autre. Rien qu'en les regardant, on savait que Gillian serait un jour une mère merveilleuse. »

Mais personne, pas même Gillian, n'aurait imaginé l'impact que la maternité aurait sur l'ensemble de sa personnalité. Avant d'être mère, Gillian Anderson glissait aisément des disques des Butthole Surfers ou des Dead Kennedys sur sa platine laser, mais, à présent, elle se contentait d'Alanis Morissette, d'Emmylou Harris, ou de quelques disques de jazz ou de blues traditionnels. « Si j'ai envie d'entendre quelque chose de vraiment plus hard, je passe les Foo Fighters ou un bon vieux Rolling Stones, je ne vais guère plus loin. Mes goûts se sont beaucoup tempérés. » Certains thèmes d'*Aux frontières du réel* l'empêchent même parfois de dormir la nuit. « Il y a beaucoup de choses qui me troublent dans la série, et je sais que c'est parce que je suis devenue mère. Soudain, je me sens hypersensible alors qu'avant je n'avais peur de rien. Mais il me semble aussi que, depuis la naissance de ma fille, je suis devenue beaucoup plus forte. J'ai l'impression qu'aucune blessure, aucun coup, aucun revers ne me fera jamais flancher. »

La deuxième saison suivait son cours. Dans la seconde partie de la « Colonie » (« *End Game* »), épisode où le suspense et l'angoisse atteignent des sommets, qui met en scène un extraterrestre capable de changer d'apparence pour mieux s'en prendre à ses victimes, on évoque la possibilité du retour de la sœur de Mulder, enlevée par des entités d'un autre monde. A son tour, Scully disparaît elle aussi mais elle revient juste à temps pour sauver Mulder d'une mort certaine dans les glaces polaires. Pour le tournage du « Vaisseau fantôme » (« *Dod Kalm* »), Gillian Anderson et David Duchovny devaient passer plus de quatre heures au maquillage afin de prendre les traits des agents du FBI qui vieillissent à une vitesse vertigineuse sur un navire en perdition dans le triangle des Bermudes. « C'était vraiment éprouvant », dit Gillian en parlant de cette expérience. Dans un moment d'exaspération totale, lors d'une prise dont on a beaucoup parlé, Gillian aurait conclu un de ses dialogues en déclarant que « Howard Gordon (l'auteur de l'épisode) pouvait se considérer comme un homme mort ».

Souvent, Gillian Anderson et David Duchovny se plaignaient de la longueur des tournages qui duraient des mois et des mois, à raison de dizaines d'heures de travail par jour, ce qui les empêchait de se consacrer à tout autre projet. Pourtant, ce fut au cours de la seconde saison que Gillian fit sa première incartade et eut l'occasion d'enregistrer la voix d'une caricature nommée Data Nolly dans un dessin animé pour enfants, *Reboot*. « Gillian et

Clyde étaient de grands amateurs de l'émission, et j'ai appris qu'ils avaient envie de visiter nos studios, explique Gavin Blair, le directeur des opérations à Main Frame Entertainment, au Canada, la société qui produisait cette série animée racontant l'histoire de deux personnages créés par ordinateurs. « Pendant qu'ils regardaient comment nous travaillions, j'ai confié à Gillian que nous avions toujours rêvé de faire une reprise d'*Aux frontières du réel* et de générer une version virtuelle des personnages de Mulder et Scully. Enthousiasmée par cette idée, elle a tout de suite accepté d'enregistrer la voix. »

Gillian Anderson a fait un saut dans les studios de Main Frame pour une session d'enregistrement de deux heures. L'épisode de *Reboot* qui en résulta, intitulé « *Trust No One* » (Ne faites confiance à personne) et diffusé au début 1996, met en scène des caricatures de Fax Modem et Data Nolly sur la piste de vampires mangeurs d'énergie à Computer City.

Contrairement à son alter ego d'*Aux frontières du réel*, Gillian Anderson a toujours eu une sorte d'humour enfantin, et, une fois les rigueurs de la maternité oubliées, cet aspect commença à revenir égayer la routine des tournages. Un jour, lors d'une séance photos marathon que ni elle ni David n'avaient préparée, l'actrice sauta soudain dans les bras de son partenaire, ce qui força l'acteur généralement introverti à éclater de rire. Gillian avait également gardé un faible pour les extincteurs, et, durant la seconde saison, il n'était pas rare de voir un membre de l'équipe s'approcher innocemment d'un bureau pour se retrouver aussitôt submergé par une vague de mousse. Avec les réalisateurs David Nutter et

Rob Bowman en particulier, les acteurs aimaient également se lancer dans des concours de pinces à linge, où le jeu consistait à s'accrocher mutuellement des pinces à linge sur les vêtements. « Cela nous arrivait souvent, dit Gillian. David et moi, on est très farceurs, et quand on se trompait dans nos textes, on finissait toujours par piquer un fou rire. »

Cet aspect insolite de Gillian Anderson prit toute sa mesure dans « Faux Frères siamois » (« *Humbug* ») où Scully et Mulder enquêtent dans un cirque spécialiste des monstres. Pour l'actrice, l'opportunité était trop belle pour ne pas la saisir. « Bon, dit le réalisateur de l'épisode, Kim Manners. Faites venir le tatoué, et les agents. On tourne la scène des criquets. » La séquence en question est relativement simple, même si son exécution paraît un peu bizarre. Nouvellement arrivés en ville, Mulder et Scully demandent des indications à un personnage assis dans un chaudron rempli d'eau qui mange des criquets tout crus. Dans la scène, Scully devait tendre la main, prendre le criquet en chocolat qui lui était destiné et l'avaler. Mais on pouvait lire une lueur de malice dans les yeux de l'actrice. Lors d'une des prises, Gillian prit un des véritables criquets et, sans sourciller, le porta à sa bouche. David Duchovny dont la nature un peu délicate est bien connue fit la grimace, tout comme le directeur, les techniciens et le tatoué. Parfaitement pince-sans-rire, l'actrice explique sa soudaine improvisation : « Je ne l'ai pas vraiment mangé, je l'ai mis dans ma bouche et je l'ai recraché. Il faut me comprendre, j'étais là, avec ce grand type dans son chaudron. On verse un bocal de criquets dans l'eau et il les avale.

Alors, comment aurais-je pu expliquer que je mette la main dans le bocal pour choisir soigneusement celui que j'allais prendre ? »

La seconde saison d'*Aux frontières du réel* offrait des épisodes plus terrifiants dans l'ensemble que la première, comme avec « Les Calusaris » (« *The Calusari* »), « Ombres mortelles » (« *Soft Light* ») et le dernier de la saison « Anasazi » (« *Anasazi* »). Dans ces trois épisodes, Gillian Anderson voit s'éclaircir progressivement certains aspects intimes et professionnels de son personnage. « Les gens commençaient à se poser des questions sur les liens qui unissaient Mulder et Scully. Ils s'étonnaient devant cette relation très professionnelle et parfaitement platonique, qui laisse néanmoins la place à d'immenses tensions sexuelles. Il me semble que leur amitié a évolué. Ils sont plus à l'aise, plus confiants l'un envers l'autre grâce à tout ce qu'ils ont vécu ensemble. Ils ont subi tant d'épreuves, ils ont risqué leur vie l'un pour l'autre si souvent, qu'ils sont à présent unis par des liens très profonds. Mais, même si à certains moments, Scully est capable de voir les choses sous le même angle que Mulder, cela me plaît beaucoup qu'elle reste avant tout une éternelle sceptique. Malgré tout ce qu'elle a vu, elle continue à adopter de préférence le point de vue de la science et de la médecine. C'est à ça qu'elle se réfère d'abord pour résoudre les problèmes qui se présentent. Scully en restera là, c'est une scientifique avant tout, mais qui garde l'esprit ouvert. »

La seconde saison se termina officiellement le 11 mai 1995. Pour un bref moment, Gillian Anderson pouvait enfin consacrer son énergie à sa vie d'épouse et de mère. C'est une période que l'actrice a beaucoup appréciée car elle reconnaît qu'avec tous ces événements, elle avait du mal à maîtriser la situation. « La série m'a forcée à prendre mes responsabilités et à faire des choix beaucoup plus sains, parce que j'ai des engagements à satisfaire envers moi-même, envers la série et envers ma famille. Et dans ce dernier domaine, j'ai été particulièrement gâtée, dit-elle avec sa candeur habituelle. J'ai connu les plus beaux jours de ma vie mais aussi les plus horribles dans la même année. C'est vrai, je suis épuisée, et il y a des moments où je trouvais que c'était trop. Mais la naissance de Piper m'a obligée à penser à autre chose qu'à moi... à quelque chose de beaucoup plus important. Cette période a été très frustrante aussi. Je n'accorde plus tant d'importance au travail. J'y consacre toujours autant d'énergie que possible, mais cela n'est plus une obsession comme autrefois. Je reste très consciencieuse, c'est un devoir que j'ai envers toute l'équipe, mais je mentirais si je disais que cela a toujours été facile. »

Dans un moment de réflexion, Gillian Anderson résume les changements qui se sont produits en elle au cours des deux dernières années. « En fait, j'ai été rattrapée par les événements de la vie quotidienne. » Et ces événements l'ont forcée à étalonner sa propre vie à la mesure des critères de réalité de Dana Scully. « Scully est très sérieuse, dit Gillian en souriant, elle est beaucoup trop intelligente pour que cela donne quelque chose de bon. Elle sait absolument tout sur tout. Et puis, elle est très investie dans sa carrière. Je ne crois pas qu'elle comprendrait vraiment ma vie. Elle la trouverait sans doute un peu bizarre. »

8

GILLIAN DÉCHAÎNÉE

Chaque fois que Gillian Anderson tournait la tête, elle voyait David Duchovny. Non, ce n'était pas toujours sur le plateau ou en rêve. Il était l'invité de toutes les émissions d'infovariétés tard dans la nuit, il faisait la une de tous les magazines. Dans la course à la publicité, Duchovny avait plusieurs longueurs d'avance.

Une des raisons de la discrétion relative de Gillian Anderson est peut-être à chercher dans l'attitude ostentatoire de son adolescence. « Je ne crois pas avoir atteint la célébrité, confiait-elle dans une interview de 1995. C'est elle qui m'a trouvée, mais pas l'inverse. Pour l'instant, la célébrité, cela signifie surtout beaucoup de travail. Je commence seulement à avoir un avant-goût de ce que cela peut être. Les seules occasions où je la côtoie de près, c'est lorsqu'il y a une cérémonie de remise des prix et que tout le monde y participe. »

Pour lui rendre justice, Gillian Anderson a été victime de son inexpérience et d'une mauvaise synchronisation dans ses rapports avec les médias. Avant d'obtenir un rôle dans la série, l'actrice n'avait accordé qu'une seule interview au *New York Times*, lorsqu'elle était encore à l'affiche d'*Absent Friends*. Bien évidemment, lors de ces premiers contacts, elle était un peu intimidée et impressionnée. Et, si David Duchovny avait déjà une solide carrière et un riche parcours à exploiter, les quelques rôles obscurs de Gillian et une adolescence perturbée dont elle préférait ne pas parler contraignaient la presse soit à rester muette soit à se concentrer sur la personnalité de son personnage.

En repensant à cette période, l'actrice estime que si, dans les débuts, la presse l'a presque évincée des articles, c'est parce que les médias répugnent à fouiller les choses en profondeur. « Les gens ont tendance à croire que je suis conservatrice à cause du personnage que j'interprète dans la série. Comme ils connaissent Scully, ils me considèrent comme quelqu'un de très gentil. Ils n'ont pas tout à fait tort, parce que je crois que je suis assez gentille, mais ils ont du mal à intégrer d'autres éléments... J'ai tendance à passer du coq à l'âne, et je ne suis pas très douée pour trouver le mot juste, alors, par facilité, les journalistes traduisent les choses selon leur propre point de vue. Ils citent quelques phrases, et systématiquement, ce sont les moins intéressantes. Je plaisante beaucoup, je dis des bêtises, des âneries, et chaque fois que je lis un article, c'est ça que j'y retrouve ! »

Au fil du temps, Gillian Anderson a appris à se méfier de la presse, mais elle est également tombée enceinte et, par conséquent, ses interviews se résumaient souvent à : « Oui, je suis enceinte. Comment cela va se ressentir sur la série ? » Et même si cela ne lui donnait pas forcément une image négative, cela la mettait dans la position d'un élément peu fiable. Pour couronner le tout, ce fut pendant cette maternité dont on parlait tant que la popularité de Duchovny atteignit son apogée : sa frimousse apparaissait sur des couvertures de magazines comme *Entertainment Weekly*, il fut l'invité de *The Tonight Show*. « Toutes les couvertures étaient pour lui, se souvient Anthony Noguera, le rédacteur en chef de *For Him Magazine*, elle, elle n'avait droit à rien. Elle était totalement évincée de la scène. »

Gillian Anderson qui mit longtemps avant de se révolter contre le silence de la presse finit par s'irriter de cette injustice. « C'est étrange, nous tournions la plupart des scènes ensemble, nous travaillions comme partenaires sur un plan d'égalité, et la publicité de la série faisait croire que c'était l'histoire de Mulder, dit-elle lors d'une conversation de 1995. Une grande partie des scénarios est centrée sur les luttes internes du personnage, sur ses croyances, que ce soit Scully qui résolve l'affaire en fin de compte ou non. C'est parfois frustrant, parce que j'ai l'impression de travailler autant que lui. » En 1996, alors que Gillian Anderson était enfin devenue l'égale de son partenaire au cœur des fans de la série et de la presse, on sentait encore une touche de ressentiment. « Au début, il me semblait que c'était notre série, à nous, pas seulement la sienne. Mais j'ai appris à avoir un certain détachement. »

Pourtant, elle ne jouait plus les indifférentes lorsque, à l'issue de la seconde saison, elle fut envoyée en Europe pour assurer la promotion de la première d'*Aux frontières du réel* sur le vieux continent.

Cette fois, les choses seraient fort différentes. Alors que Gillian Anderson et David Duchovny étaient liés comme des frères siamois lors des conférences de presse des deux premières saisons, cette fois, Gillian serait seule. Elle devrait également affronter une presse européenne qui, contrairement aux médias spécialisés dans la science-fiction aux Etats-Unis, serait plus intéressée par ses comportements et ses sentiments personnels.

Sans se laisser effrayer par la perspective de questions délicates, peut-être parce qu'elle se sentait en harmonie avec l'Europe et ses démarches plus progressistes, Gillian répondait avec une confiance en elle toute nouvelle et n'hésitait pas à aborder des détails de sa vie qu'elle avait artificiellement grossis ou dont elle avait carrément refusé de parler un an auparavant. Ce fut cette tournée européenne qui jeta les premières lumières sur son enfance et son adolescence tourmentées. Pour la première fois, Gillian a reconnu que oui, elle avait bien quitté New York pour rejoindre son amant à Los Angeles, même si elle n'a jamais divulgué son nom.

Dans l'ensemble, il n'y avait rien de particulièrement scandaleux dans les révélations de Gillian Anderson, mais son voyage européen la rendit plus attirante, plus touchante. Lorsqu'elle rentra à Vancouver à la fin de l'été 1995 pour préparer la troisième saison, la presse, dont l'intérêt s'éveillait enfin, commença à la demander plus souvent.

Cet assouplissement de ses relations avec les médias ne pouvait pas tomber à meilleur moment. *X-Files* n'était plus une série réservée à un petit groupe d'initiés mais un feuilleton qui avait accompli de grands pas dans le monde de la télévision. Un flot de produits faisait son apparition sur le marché : bandes dessinées, romans, parodies comme « The Ecch Files » du magazine *Mad*, T-shirts, tasses à café, et même une version porno, *The XXX Files*, qui met en scène les aventures érotiques de Boulder et Skulky (interprétée par la grande actrice du porno Tyffany Million). « Je ne pense pas avoir réalisé à quel point la série est populaire, dit Gillian Anderson. Quand nous avons commencé la seconde saison, il me semblait bien quand même que cela allait durer un moment, mais, là, j'ai l'impression que nous sommes partis pour le long terme. »

Lors de sa tournée européenne, Gillian Anderson disait sur un ton assez affirmatif qu'un changement allait sans doute bientôt s'opérer dans le personnage de Scully. « Je crois que Scully a suivi les traces de Mulder assez longtemps. Les auteurs ont conçu un personnage suffisamment compétent pour qu'elle puisse mener les enquêtes elle-même, c'est un peu fatigant d'avoir toujours un train de retard. Au début, c'était normal, car Scully n'avait pas encore beaucoup d'expérience, mais ce n'est plus le cas maintenant, il est temps de la faire progresser. Dans la première saison, il fallait ouvrir la voie, la deuxième a été marquée par la grossesse, mais maintenant, il est temps que Mulder et Scully évoluent sur un plan d'égalité. »

Le couple Anderson-Duchovny devint également partenaire d'une autre manière pendant l'interruption entre le tournage des deux saisons. Les deux acteurs avaient demandé une augmentation, d'environ cent mille dollars par épisode, dit-on, qui d'ailleurs leur avait été accordée, mais Gillian restait un peu sur sa faim : « Je gagne un peu plus de la moitié de ce que gagne David », de plus, l'actrice tournera deux épisodes de moins par saison, pendant toute la durée de vie du feuilleton.

Les deux épisodes d'ouverture, « Le Chemin de la bénédiction » (« *The Blessing Way* ») et « Opération presse-papiers » (« *Paper Clip* »), précipitent immédiatement Scully dans l'enfer de la conspiration. Alors que Mulder lutte contre la mort à la suite des événements de l'épisode de clôture de la saison précédente, Scully se lance dans une enquête en solitaire, où elle affronte l'Homme à la cigarette. Cette mission la plongera dans une détresse totale, car elle sera incapable de se trouver au chevet de sa sœur, tuée à sa place par un mystérieux assassin.

Aux frontières du réel entreprit alors un tournant inattendu. Le thème de la conspiration des extraterrestres disparut quelque peu de la scène au profit d'une série d'histoires centrées sur des psychopathes et des tueurs en série. Comme lors de la première saison, ces intrigues linéaires offraient peu de possibilités d'interprétation à Scully en dehors de sa célèbre méthode essais-erreurs. « Ames damnées » (« Syzygy ») tente d'explorer l'univers de l'adolescence sur fond de pouvoirs psychiques et cinétiques. Lors d'une scène qui fait frémir d'angoisse, Scully surprend Mulder, qui, influencé par les jeunes qu'il côtoie, est prêt à passer à l'acte avec une femme policier, victime elle aussi d'une possession diabolique. La réaction de Gillian et les marivaudages insolents entre Mulder et Scully marquent les grands moments de l'épisode.

La série retrouve sa véritable nature avec le double épisode « Monstres d'utilité publique » I (« *Nisei* ») et II (« *731* ») dans lequel le meurtre du fournisseur d'une cassette vidéo de l'autopsie d'un extraterrestre met en branle toute une série d'événements et d'intrigues. Là, Gillian Anderson aura droit à plus d'autonomie car, en revivant des flash-back de son propre enlèvement par les extraterrestres, elle découvre un faisceau d'indices prouvant que le gouvernement a fait des expériences avec des androïdes. L'épisode suivant, la « Guerre des coprophages » (« *War of the Coprophages* »), où des cafards envahissent tout, offre également certaines scènes de comédie où Scully se montre jalouse de la relation purement professionnelle entre Mulder et Bambi, l'entomologiste. Pour Gillian, cet épisode, qui a ses défenseurs et ses détracteurs, permet d'entrevoir l'aspect le plus trouble de la relation Mulder-Scully. « Comme Mulder et Scully travaillent ensemble de manière très intime, toute personne qui s'approche de l'autre est cause de tensions. Inutile de préciser que Bambi ne fait pas exception à la règle. »

Gillian Anderson regarda par le hublot de son avion qui survolait Los Angeles avant d'atterrir sur les pistes. Intérieurement, elle savait qu'elle prenait un gros risque.

Les conventions d'*Aux frontières du réel* sont à présent une excroissance naturelle de la série, et il devenait évident qu'un jour ou l'autre, on allait proposer aux acteurs et à toute l'équipe de créateurs de venir en chair et en os animer les débats, répondre à quelques questions et signer des autographes contre espèces sonnantes et trébuchantes. Malgré un emploi du temps chargé, Chris Carter fut l'un des premiers à répondre à ces invitations. A sa suite, Mitch Pileggi, Steven Williams et même les seconds couteaux firent eux aussi des apparitions. En fait, les deux seuls qui s'obstinaient à dire : « C'est gentil, mais, non merci » étaient David Duchovny et Gillian Anderson. On peut parier ou presque que Duchovny continuera à refuser ; de toute façon, s'il acceptait, il y aurait sans doute une émeute et quelques bras et jambes cassés. Mais, plus curieuse, Gillian eut envie de tenter l'expérience.

L'avion roula lentement avant de s'arrêter au terminal et de libérer ses passagers. Gillian entra dans la grande salle éclairée où elle était attendue par quatre gardes du corps polis et massifs que la convention venait d'embaucher pour protéger leur perle rare. Anderson se rappelle que les quatre hommes l'ont immédiatement cernée, formant un bouclier tout autour d'elle. « Je marchais les bras croisés, au centre du cercle. C'était la chose la plus bizarre qui me soit jamais arrivée. »

Une limousine l'accompagna ensuite à l'hôtel Four Season où elle passa trois jours à donner quelques interviews disséminées, et où, selon la rumeur, elle se serait renseignée sur les possibilités de rôles éventuels lors de la prochaine interruption. Pourtant, la plupart du temps, à la manière forte, on lui rappelait qu'elle était venue dans un but qui exigeait une haute protection.

Avant l'ouverture de la conférence, déjà rongée par un trac horrible, elle passa une nuit blanche à se tourner et se retourner dans son lit, en pensant à son mari et à son enfant, et en réfléchissant à ce qu'elle dirait le lendemain. Le service de sécurité n'était jamais bien loin, ce qui l'étonnait et l'inquiétait à la fois. Alors qu'elle déjeunait au restaurant le jour de la convention, un des gardes approcha et lui dit d'un ton poli et calme : « Tout va bien. Quand vous sortirez, je serai là. » Gillian le regarda sortir, tout comme les autres clients qui tournèrent la tête vers lui. Gillian soupira et termina son repas. Elle avait à peine franchi la porte lorsque ses anges gardiens se matérialisèrent tout autour d'elle pour l'escorter dans le hall d'entrée, où une longue limousine blanche l'attendait devant la porte. Visiblement troublée, son regard passant des gardes à la limousine, Gillian s'exclama enfin : « Non, trop, c'est trop ! »

Malgré ses craintes, Gillian Anderson passa plutôt un bon moment lors de cette convention. La séance des questions-réponses était un mélange de débordements de fans, de questions qu'elle avait déjà entendues mille fois et d'une poignée de demandes plus personnelles qu'elle put ou satisfaire ou repousser aisément, par un trait d'humour le plus souvent. A la fin de la conférence, Gillian insista pour dire que c'était la première et la dernière fois qu'elle essayait de rencontrer ainsi son public. Mais elle ne nia pas que l'expérience avait été agréable. « Tout le monde était normal, dit-elle en riant, car on dit souvent que les assidus de ces conventions sont des obsédés qui n'ont aucune autre vie en dehors de leur passion. Je croyais que tout le monde serait bizarre, que je rencontrerais des monstres tremblants avec trois nez, mais il n'y avait rien de tout cela. »

Le succès, je ne risque rien à l'affirmer, n'a pas rendu la vie plus facile sur le plateau d'*Aux frontières du réel*. Il fallait toujours passer de longues heures de tournage, de jour comme de nuit, par des temps souvent peu cléments. Mais, l'épisode « Autosuggestion » (« *The Pusher* ») permit à Gillian d'avoir une distraction. Anthony Noguera, le rédacteur en chef de *For Him Magazine,* était sur le plateau, ce qui en soit n'avait rien d'exceptionnel. Mais ce magazine pour hommes, bien connu pour son approche peu conventionnelle des vedettes, cherchait quelque chose de différent. « Les gens trouvent que Gillian Anderson est une femme très sexy et qu'elle peut être très intéressante, disait Noguera, mais, pour le moment, je n'ai jamais rien lu de bien sur elle. Toutes les interviews restent neutres et la traitent comme si elle était Dana Scully. On voulait savoir quel genre de personne se cachait derrière le rôle, on n'avait pas la moindre intention de parler beaucoup de Dana Scully ni même d'*Aux frontières du réel*. »

Comme pour ajouter un peu de piment à l'entretien journalistique, Gillian Anderson était obligée de s'interrompre de temps à autre pour reprendre le rôle de Dana dans une scène à vous faire frémir d'horreur : un patient atteint d'une tumeur au cerveau qui a le pouvoir d'influencer les gens pousse Mulder à jouer à la roulette russe, jeu interrompu au dernier moment par l'arrivée de Scully.

Le réalisateur habituel de la série, Rob Bowman, vient se mettre à l'abri d'une température proche de zéro pour discuter avec le directeur de la photographie des derniers éléments de cette scène. Dans un coin, Duchovny inspire profondément, se dégourdit les épaules et essaie de se mettre dans l'humeur du moment. A l'autre bout du plateau, l'acteur invité Robert Wisden a l'air de plus en plus démoniaque au fur et à mesure qu'on lui applique des couches de maquillage. Gillian arrive sur le plateau et enlève son manteau pour révéler sa tenue habituelle d'agent du FBI, complétée par un gilet pare-balles, avant d'aller se placer sur ses marques.

Au signal de Bowman, Scully entre dans la pièce. « Va-t'en, va-t'en ! » Le manipulateur d'esprit oblige Mulder à pointer son arme sur Scully et à tirer. Scully plonge pour esquiver le coup et se retrouve contre un mur.

« Coupez ! crie Bowman. On la refait. »

Ce genre d'exercice éprouvant est des plus banals. Ce qui l'est moins, c'est que, lors de l'interview de l'habile Noguera, Gillian Anderson, normalement si réservée, finit par parler de son adolescence troublée, de ses excès de boisson et de ses aventures sexuelles sans même sourciller. « Pendant l'entretien, Gillian était très nerveuse, se souvient pourtant le journaliste. Elle avait l'air de trouver bizarre qu'on veuille lui parler. Personne ne l'avait approchée avant en tant qu'être humain, on ne lui avait jamais posé les questions que je lui ai posées. La plupart du temps, les gens ont peur de demander des choses banales aux vedettes, comme : en quoi croyez-vous, qu'est-ce qui vous excite, qu'est-ce qui vous amuse ? Je crois que pour une fois cela lui plaisait qu'on la considère comme une véritable personne. »

Une limousine noire s'arrête devant la porte discrète d'un studio photo en bordure d'Hollywood.

Gillian Anderson et son petit entourage descendent de voiture et entrent. Après avoir salué le photographe et son équipe, l'actrice est conduite dans la garde-robe où sont disposés les vêtements qu'elle doit porter. Gillian les examine. Décidément, ce profond décolleté ne correspond guère à Dana Scully, pas plus que ces dentelles noires, ou que ce fuseau noir moulant. Quant au costume de chat... à la chemise d'homme... Gillian écarquille les yeux et pouffe de rire... comme une petite fille.

For Him Magazine a non seulement l'intention de faire d'elle une véritable femme, mais il veut également enrichir l'image de l'agent Scully, toujours sobre et rigoureuse, d'un peu de piquant et de fantasme sexuels. De manière un peu surprenante peut-être, Gillian accepte immédiatement de se prêter au jeu, mais lorsqu'elle apparaît dans sa robe moulante et décolletée, elle semble un peu gênée. « J'ai des grosses fesses », murmure-t-elle entre ses dents. Elle sourit pourtant à ceux qui lui disent qu'elle est belle ; d'ailleurs, avec son maquillage discret et sa coiffure sobre, elle est effectivement très séduisante.

La séance photos couvre toute la gamme, du ridicule – Gillian en costume de chat perchée à dix mètres de haut sur une échelle – au sublime (Gillian en déshabillé de dentelle noire allongée sur un lit dans des poses lascives). Au fur et à mesure de la séance de pose, elle commence à se sentir plus à l'aise avec sa nouvelle image. En lingerie, elle plaisante même sur sa cicatrice de césarienne, trop basse pour être visible sous les minuscules vêtements. Et, à la manière Anderson, mais très peu Scully, elle accepte en riant qu'on l'attache au lit, pour une série de photos en s'exclamant simplement : « Superbe ! Par quoi on commence ? »

En la voyant ainsi prendre des poses de belle élégante boudeuse, on se dit que, malgré la réputation collet monté de son personnage, l'actrice aurait bien envie, ne serait-ce que pour un jour, de devenir un sex-symbol. A la fin de la journée, un des assistants du photographe grommelle que personne ne voudra jamais croire qu'il s'agit de l'agent spécial Dana Scully. « C'est exactement ce qu'on cherche ! » répond Dana.

Dès la fin de la séance, l'actrice sauta dans un avion pour rentrer à Vancouver afin d'être sur le plateau le lundi suivant pour le tournage de « Malédiction » (« *Teso Dos Bichos* »). De nouveau au travail, Gillian Anderson accepta les plaisanteries bon enfant de la part de celles qui étaient déjà passées par la même séance photos... Pour le moment, c'était le dernier de ses soucis. Dans ce nouvel épisode où une relique sud-américaine se venge de ceux qui ont osé troubler son repos, Mulder et Scully doivent affronter une horde de chats meurtriers. Hélas, Gillian est allergique aux chats. Là, entre en scène un sorcier des effets spéciaux qui, pour les gros plans de bataille entre Scully et les chats, a la merveilleuse idée d'utiliser des chats empaillés recouverts de peau de lapin. « C'est la chose la plus stupide que j'avais jamais vue ! dit Gillian qui frémit encore rien qu'à ce souvenir. Prise après prise, j'avais les chats en peau de lapin plein la figure. La fourrure s'en allait, rentrait dans mon nez et collait à mon rouge à lèvres. Ça a été le pire de tout. »

Quelques mois plus tard, l'article tant attendu de *For Him Magazine* sortit enfin. La couverture, portant le titre alléchant de « Gillian Anderson version X, l'agent Scully mise à nu », sur fond d'une photo provocatrice de Gillian en déshabillé de dentelle transparente noire, les cheveux défaits et le regard aguicheur, fit sensation ! Tout comme la double page de l'intérieur et l'interview très intime qui l'accompagnait. Dès sa parution en kiosque, le magazine eut l'effet attendu. Bien sûr, un petit pourcentage de fans qui prennent *X-Files* un peu trop au sérieux, furent scandalisés de voir ainsi profanée l'image virginale de leur idole. Un surfeur courroucé écrivit même sur Internet que l'interview était un faux ou que Gillian n'était qu'une petite imbécile sans cervelle. Pourtant, Gillian Anderson semblait très satisfaite. « Elle a peut-être été un peu surprise, dit Noguera. Elle ne s'était jamais vue sous cet aspect, mais cela lui a plu. Ça l'amusait. »

L'article joua le rôle d'un catalyseur et propulsa Gillian Anderson dans la stratosphère des médias. Le téléphone se mit à sonner sans arrêt. Le monde venait soudain de découvrir que Gillian Anderson était bien plus que l'agent Dana Scully. « C'est une femme qui a les pieds sur terre et qui est très accessible, ajoute Noguera. Elle est célèbre, mais elle reste femme. Scully ne jure jamais, Gillian si. »

Gillian Anderson qui commençait à attirer l'attention de la presse se souvient d'un récent voyage à Los Angeles où elle fut agréablement surprise de voir un numéro de *TV Guide*, où elle figurait en couverture avec Duchovny. « C'est une photo bien sage, mais en même temps, il y a tellement de magazines qui nous oublient que cela me fait toujours plaisir. »

TV Guide fut le premier à errer sur les nouvelles frontières ouvertes par *For Him Magazine*. Après avoir consacré trois couvertures à *X-Files* avec Duchovny et Gillian Anderson qui se partageaient l'espace, le magazine offrit une photo en solo à Gillian, avec une maquette rappelant le style des années quarante. De plus, l'équipe était prête à se déplacer à Vancouver pour une journée de photos et d'interview.

La séance photos qui se déroula dans une chambre d'hôtel à proximité des studios, mit en scène Gillian Anderson allongée ou assise sur un lit en robe lamée au décolleté plongeant ; en costume noir, avec un chapeau à voilette ; en déshabillé avec plumes d'autruche et talons aiguilles. « C'est amusant de se déguiser, dit Gillian au cours de la journée, mais je n'aimerais pas le faire tout le temps. C'est très agréable d'enfiler une jolie robe et de se sentir en beauté. Mais cela ne correspond pas vraiment à ma personnalité. »

La séance photos de *TV Guide*, destinée à transformer l'agent du FBI en pin-up, fut finalement beaucoup plus détendue et moins stressante que les premières photos pour *For Him Magazine*, à tel point même que souvent le photographe devait s'interrompre parce que son modèle piquait un fou rire. Comme lorsqu'elle essaya de marcher avec ses immenses talons aiguilles, ou quand les plumes d'autruche lui chatouillaient le visage. Le photographe, qui, au début, avait ri avec elle, commençait même à perdre patience. Finalement, il mit fin à la journée de travail.

L'article de *TV Guide* ne fut en fait qu'une version édulcorée de celui de *For Him Magazine*. Gillian Anderson ne livrait que peu de détails intimes et offrait des réponses stéréotypées aux questions trop personnelles. Mais, étant donné la nature plutôt joyeuse de la séance photos, l'ensemble avait beaucoup plus de classe que les images un peu racoleuses de *For Him Magazine*.

Comme David Duchovny et le créateur de la série, Chris Carter, Gillian Anderson eut encore droit aux honneurs de la presse de plus en plus intéressée par le potentiel fantasmatique d'*Aux frontières du réel*, car toute l'équipe de *Rolling Stone* envahit la ville de Vancouver pour une enquête exhaustive sur la popularité de l'émission. L'article, qui incluait une interview questions-réponses avec David Duchovny, Chris Carter et Gillian Anderson, n'apporta guère d'éclairages nouveaux ni sur le tournage ni sur la vie des acteurs. Mais la couverture ! Quelle splendeur ! Le fantasme parfait de Gillian et de David Duchovny, nus, s'embrassant avec passion dans un lit. Sur le moment, Gillian s'amusa beaucoup de cette expérience, disant d'une humeur facétieuse que « pour elle, c'était parfait ».

En fait, l'évocation de ce fantasme donna un tel élan à l'actrice que, quelques mois plus tard, alors qu'un journaliste l'interrogeait sur la possibilité d'une aventure entre Scully et Mulder, elle répondit, débordante d'imagination : « Ce serait formidable de les voir enfin avoir la relation la plus sensuelle du monde, ce serait un soulagement pour le public et pour eux-mêmes. On pourrait consacrer une heure entière à une scène de lit, avec une demi-heure de préliminaires, et ensuite une passion débridée, avec menottes et chandeliers dans un lit à baldaquin. En fait, c'est peut-être le grand film *X-Files* dont tout le monde parle tant. Juste Scully et Mulder dans un lit ! »

Le reste de la troisième saison offrit de nouvelles possibilités pour Gillian et son personnage. Dans l'épisode « Le Seigneur du Magma » (« *Jose Chung's "From Outer Space"* »), Scully est représentée dans une posture d'un immobilisme agaçant alors qu'elle interroge l'auteur spécialisé dans les enlèvements d'extraterrestres, Jose Chung. Mais le meilleur moment de cette troisième saison est très certainement l'hommage rendu au monstre du loch Ness dans « Les Dents du lac » (« *Quagmire* »). Dans cet épisode, on suit Mulder et Scully jusqu'à un lac isolé où des meurtres mystérieux sont attribués au monstre légendaire qui hante le lac, Big Blue. Tout cela semble tenir de la plus haute fantaisie jusqu'à ce que les deux agents, piégés sur une île perdue dans la brume au milieu des eaux, se lancent dans une conversation envoûtante sur leur propre relation. La scène est si puissante que lorsque Big Blue fait son apparition menaçante, il paraît bien pâle en comparaison.

Gillian Anderson, qui un an plus tôt semblait plonger dans un marasme personnel et professionnel, reconnaît volontiers que l'épreuve d'*Aux frontières du réel* a bouleversé sa vie. « Il y a eu des moments où je pensais que je n'allais pas pouvoir résister, confie-t-elle dans une interview de 1996, mais j'ai survécu, et maintenant, je me sens plus forte que jamais. »

9

CLAIR DE LUNE

Gillian a toujours dit haut et fort qu'*Aux frontières du réel* ne serait pas le début et la fin de sa carrière à la télévision. A plusieurs occasions, elle a manifesté le désir de faire figurer la production sur sa liste de projets « à cause de ses aspects créatifs ». L'écriture de scénarios ou la réalisation la tentent moins car elle estime que ce sont des activités trop stressantes. Et définitivement non, Gillian Anderson n'est pas prête à renoncer à sa carrière d'actrice, loin de là ! « Je n'ai pas envie de faire le film de la semaine, dit Gillian, interrogée sur ses projets d'avenir en 1994. Pour le moment, je rêve d'un petit rôle dans un grand film. Bien sûr, je serais très attentive au scénario. Il faudrait que le personnage soit très différent de Scully, car je ne veux pas me condamner à n'interpréter qu'une image figée. »

Lorsque la troisième saison prit fin avec le tournage d'« Anagramme » (« *Talitha Cumi* ») où, dans un épisode au suspense garanti, on apprend enfin une partie de la vérité sur le père de Mulder, Gillian s'attacha à profiter au maximum de cette nouvelle pause pour voyager un peu avec sa fille Piper, qui, à dix-huit mois, lui laissait un peu plus de possibilités. Aussitôt, des rumeurs sur un rôle au cinéma commencèrent à se propager, plus ou moins alimentées par Gillian elle-même qui déclara, lors d'une interview de 1995, « envisager une participation dans un long film fleuve de Morgan Freeman, intitulé *Anaconda* ». Mais en fait ni ce projet ni les autres n'aboutirent vraiment.

Encouragée par l'accueil qu'avait reçu la voix off de *Reboot*, Gillian accepta de renouveler l'expérience avec un pseudo-documentaire d'une heure appelé *Why Planes Go Down* qui, à l'aide de bandes d'actualités et de passages filmés, voulait explorer le phénomène des accidents d'avion.

On ne sait pas très bien pourquoi Gillian Anderson a accepté ce projet particulier. Comme il s'agissait d'une production de la Fox, on peut supposer qu'on a un peu fait pression sur elle pour assurer un certain succès au film. Et elle a dû être très bien payée. Pourtant, Gillian Anderson, ou son entourage, devait bien se douter qu'il s'agissait plus d'une affaire d'argent vite gagné que d'une véritable œuvre d'art.

Why Planes Go Down fut diffusé en avril 1996. Comme prévu, la voix off de Gillian qui avait été largement annoncée assura un record d'audience parmi les fidèles de *X-Files*. Mais, hélas, la presse se montra très critique envers cette émission, s'attaquant même souvent à Gillian elle-même. Dans le *New York Times* du 22 avril 1996, par exemple, on peut lire sous la plume du célèbre Walter Goodman : « Gillian Anderson dit son texte comme si elle faisait une annonce pour accueillir les visiteurs avant une descente aux enfers. Mais dans ce cas, elle ferait mieux de leur proposer du café, du whisky ou du Prozac ! »

Au milieu du tournage de la troisième saison, David Duchovny, Chris Carter et Gillian Anderson avaient signé un contrat avec la Fox pour enregistrer un CD-ROM, portant le titre provisoire de « 25e Saison, épisode 3 ». Gillian et David ont d'ailleurs tourné des scènes spéciales pour ce jeu à la fin de la troisième saison. Bien que le scénario de ce CD qui doit sortir en 1997 reste ultraconfidentiel, on sait néanmoins qu'il s'agira d'un jeu interactif où l'on pourra agir avec les deux personnages et démêler indices et témoignages pour élucider un mystère dans le pur style *X-Files*.

Même si elle avait très envie de travailler pour autre chose que la série, Gillian Anderson est restée très prudente. « Quand j'ai commencé à tourner pour *Aux frontières du réel*, on m'a inondée de demandes pour des productions de science-fiction plus ou moins liées au paranormal. Mais souvent, cela n'avait pas l'air très intelligent et c'était simplement une manière de m'exploiter. » Pourtant, au cours d'un voyage de promotion de la série en Angleterre, on lui proposa enfin un travail dans ses cordes. Un rôle d'invitée pour la série de neuf émissions sur le thème science-fiction/science réelle de la BBC appelée *Future Fantastic*. Cette série explore les relations entre la science-fiction et la science ; elle se demande comment l'imagination peut induire des véritables découvertes scientifiques, en analysant des sujets tels que les robots, les voyages dans le temps et les extraterrestres.

Le réalisateur, David McNab, se souvient que Gillian a été contactée pour *Future Fantastic* en mars 1996. « Gillian nous a bien fait comprendre qu'elle avait déjà reçu des tas de propositions de ce genre, dit-il, mais nous n'avons pas renoncé, nous lui avons expliqué comment nous allions aborder les choses en espérant qu'elle finirait par céder. »

McNab et son équipe ont eu gain de cause, car Gillian Anderson a sauté sur cette occasion de participer à une émission un peu plus intellectuelle. « Notre projet lui a plu pour plusieurs raisons, estime McNab. D'abord, c'était une production de la BBC et, comme elle a grandi en Angleterre, elle a une véritable affinité pour un pays qui est en fait une deuxième terre natale. Et, bien que l'émission ait parlé avant tout de science-fiction, d'extraterrestres et de voyages dans le temps, elle partait d'un point de vue scientifique et avait une certaine respectabilité. Ce qui l'a décidée en fait, c'est que cela n'était pas une banale série. »

Emmenant Piper avec elle, Gillian Anderson s'envola ensuite pour New York afin de se consacrer à la première des deux journées de tournage qui auraient lieu dans cette ville (deux autres étaient prévues à Los Angeles). Comme il faisait très chaud sur la côte Est et que les journées seraient longues, avant de commencer à travailler, Gillian mit Piper dans un avion qui rentrait à Vancouver. Ce fut un des rares moments où elle se trouvait déchirée entre sa vie professionnelle et sa vie familiale. De plus, l'actrice était assez hésitante lors du premier jour de tournage, au dernier étage d'un entrepôt qui donnait sur le front de mer. « Il faisait une chaleur infernale, ce jour-là, se rappelle McNab, et c'était terriblement épuisant. Gillian était éreintée, et Piper devait lui manquer. » Mais le réalisateur se souvient également que Gillian n'a pas mis longtemps à s'adapter à la situation. « Le lendemain, elle était déjà plus décontractée, elle était très amusante. Elle plaisantait avec l'équipe, elle était parfaitement entrée dans l'esprit des choses. A la fin du quatrième jour, elle faisait vraiment partie de la famille. »

Lors de ces séances, Gillian Anderson a fait preuve d'un professionnalisme irréfutable. Elle était rapide, ce qui dans un travail de narration est un atout considérable. « C'est l'une des personnes les plus intelligentes avec lesquelles j'aie jamais travaillé. Elle n'a pas de bagage scientifique, mais elle posait sans cesse des questions, et pas seulement sur la manière dont était écrit le scénario, elle voulait également savoir ce qu'il y avait de vrai dans ce que nous disions. Elle a fait des suggestions fort intéressantes qui nous ont permis de réécrire certaines parties du script pour qu'il soit plus intelligible », dit encore McNab. « Cela m'a beaucoup plu de présenter cette émission, confie Gillian. D'ailleurs, les sujets de la série pourraient très bien sortir d'*Aux frontières du réel*. Mais ce programme prouve que la science-fiction est souvent source d'inspiration pour la science, et cela montre que tout ce que nous pouvons imaginer est possible quelque part, d'une façon ou d'une autre. »

La voix très caractéristique de Gillian, un peu distante, très sexy et posée, en fit très vite une valeur sûre dans le monde du documentaire. Bien qu'elle ait toujours les yeux fixés sur le grand écran, Gillian ne cacha pas son intérêt pour les programmes éducatifs quand l'équipe de production de Martha Ostertag et de Kurt Sayenga la contacta en novembre 1995 pour la réalisation de *Spies Above*. Le film, diffusé au début de 1996 sur Discovery Channel et qu'on trouve à présent en vidéo, raconte l'histoire de la photographie d'espionnage par satellite, en commençant par les débuts (un sombre épisode du gouvernement Eisenhower), jusqu'à la situation actuelle, dans les années quatre-vingt-dix.

« Kurt et moi, nous apprécions beaucoup les voix de femmes, dit Martha Ostertag, surtout lorsque le sujet concerne les dossiers secrets du gouvernement. Nous avions l'impression que Gillian serait parfaite pour nous. Elle a été notre premier et notre seul choix, mais son rôle dans *X-Files* a joué pour beaucoup dans notre décision. » Sayenga avait encore d'autres arguments en sa faveur. « J'étais très impliqué dans le milieu de la musique punk, dit-il, et je savais que Gillian avait partagé la même expérience, c'est ce qui m'a incité à faire appel à elle. Et puis, comme j'étais un inconditionnel d'*Aux frontières du réel*, j'ai tout de suite essayé d'entrer en contact avec elle. Le moment semblait parfait. *X-Files* allait bientôt largement déborder le public des passionnés de science-fiction pour devenir une véritable série culte, mais le succès n'avait pas encore trop poussé Gillian sur le devant de la scène. Alors, nous espérions avoir une chance de pouvoir collaborer avec elle. »

Martha Ostertag en rit encore quand elle repense que Discovery Channel n'avait aucune idée des raisons pour lesquelles ils voulaient l'engager. « De toute évidence, ils ne connaissaient même pas l'existence de *X-Files*, mais tous les moins de quarante ans s'exclamaient : “Bon sang ! Mais c'est bien sûr ! ”»

Il suffisait donc d'obtenir l'accord de l'actrice. D'après Martha Ostertag, Sayenga a contacté l'entourage de Gillian Anderson à la fin de 1995, alors que le tournage de la troisième saison se terminait. « Elle était tentée, se souvient-il. A l'époque, les gens s'étaient rendu compte qu'elle avait une voix fantastique, absolument parfaite pour les documentaires, elle avait déjà reçu des milliers de propositions du même genre. Mais en fait, quand elle a regardé notre projet, elle a trouvé que c'était le plus attrayant. »

Martha Ostertag, Sayenga et leur équipe s'envolèrent donc un samedi soir de la mi-décembre 1995 pour Vancouver et s'installèrent dans les mêmes studios d'enregistrement que la série. Sayenga, qui avait corrigé certaines parties du texte dans l'avion et à l'hôtel, appela l'actrice dès son arrivée. Laissant pleurer Piper à l'arrière-plan, Gillian décrocha immédiatement. « Elle désirait avoir le script à l'avance pour l'étudier, raconte le réalisateur-auteur. C'était un texte difficile qui traitait de sujets complexes, elle tenait à donner l'impression de savoir de quoi elle parlait. »

Gillian Anderson se gara dans le parking des studios de Pinewood le dimanche, vers six heures du soir. Epuisée par le tournage de la série et la maternité, l'actrice entra dans le studio où elle fut accueillie par Sayenga, déjà prêt à entamer la séance de travail. « J'ai été très surpris de voir qu'elle était beaucoup plus jolie qu'à la télévision. Elle est très belle à l'écran, mais, dans la vie, elle est splendide. Et elle ne s'habille pas de manière aussi austère que Scully ! »

Malheureusement, Sayenga remarqua aussi que l'actrice ne cessait de tousser et d'éternuer. « Elle avait un gros rhume, et ce n'est pas l'idéal pour enregistrer une bande sonore. Nous n'avions pas le temps de reculer la date. Il fallait que tout soit terminé le plus vite possible parce que je devais aussitôt envoyer la bande. »

Gillian Anderson entra dans la cabine et, après quelques bavardages réduits au minimum, elle ouvrit son texte à la page un. A l'origine, Sayenga avait l'intention de lui faire lire le texte sur le film déjà entièrement monté. Mais, avec sa maladie, une lecture complète était impossible dans ces conditions. « Nous allions trop lentement, nous avions à peine fait un dixième du texte, quand nous nous sommes aperçus que ce n'était pas la bonne solution. A la vitesse à laquelle nous procédions, cela nous aurait pris deux jours, et nous ne pouvions pas nous le permettre, ni les uns ni les autres. »

On décida donc que Gillian lirait simplement le texte, sans se soucier de la synchronisation. A un moment, l'actrice sortit fumer une cigarette, mais sinon, avec quelques pauses ici et là pour se détendre et plaisanter, tout fut réglé en quelques heures. Pour le réalisateur, c'était encore mieux qu'il ne l'imaginait. « Elle nous a fait une lecture très sérieuse, très nette, d'une voix calme et régulière. Cela dépassait tous mes espoirs. C'était absolument parfait, un peu comme si Scully elle-même avait fait la lecture. »

Gillian Anderson quitta le studio à dix heures du soir, et Sayenga rentra aux Etats-Unis pour les dernières finitions de *Spies Above*. Peu après, il présenta le documentaire à la chaîne. « Certaines personnes ne comprirent rien du tout, raconte Sayenga. Elles n'étaient pas convaincues par la voix de Gillian et préféraient une voix masculine traditionnelle. Tout était terminé, et, soudain, il fallait sérieusement envisager de recommencer. J'ai sauté au plafond ! Finalement, les sceptiques se laissèrent convaincre de ce qui avait été une évidence pour moi dès le début, ils admirent quand même que c'était une bonne idée d'avoir fait appel à Gillian Anderson pour raconter une histoire de satellites espions. »

Microsoft partagea le même avis pour la voix d'un ordinateur nommé E.V.E., personnage central d'un jeu de combat interactif sur CD-ROM, Hellbender. Gillian enregistra les différentes possibilités en une seule journée, et la sortie du CD est prévue pour 1997.

Au cours de cette même période, Gillian Anderson et David Duchovny signèrent un contrat avec les producteurs des *Simpsons*, pour enregistrer les voix de Mulder et Scully dans un épisode intitulé « *The Springfield Files* », où ils viennent mener l'enquête sur la rencontre d'Homer avec les extraterrestres. Cet épisode reçut les éloges de la critique et attira un taux d'audience exceptionnel en novembre 1996.

Cependant, une fois éloignée des plateaux d'*Aux frontières du réel*, Gillian Anderson ne consacra pas tout son temps au travail. Elle profita d'un voyage de promotion à Milan pour visiter l'Italie avec sa mère, sa fille et son mari. De retour à Vancouver, elle passa beaucoup de temps chez elle à jouer avec sa fille. « Souvent, dit-elle en souriant, je prenais un long bain, et je m'amusais de la futilité de la situation. »

Futilité peut-être, mais qui servait de mot magique, car la presse venait de s'apercevoir que les magazines se vendaient beaucoup mieux si Gillian Anderson y figurait quelque part, et en couverture de préférence. Même si la plupart du temps, Gillian a su maîtriser les désagréments que lui causait la nuée de paparazzi, la célébrité a néanmoins modifié ses habitudes. Alors qu'elle aimait autrefois se promener dans les rues de Vancouver et des autres grandes villes lorsque *X-Files* n'était encore regardé que par quelques initiés, elle a aujourd'hui souvent recours aux gardes du corps et aux sorties de secours. Et elle n'apprécie pas du tout qu'on essaie de prendre des photos de Piper ! Ses parents et ses anciens camarades de classe ont également signé un pacte tacite pour protéger la vie privée de l'actrice à tout prix. Pourtant, selon la mère de Gillian, Rosemary, cela n'a pas empêché les journalistes de la presse à scandale britannique d'envahir Grand Rapids, la ville natale de l'actrice, en mai 1996. « Une journaliste s'est présentée à la porte sous une pluie battante, explique Rosemary Anderson. J'avais une amie qui arrivait au même moment, elle l'a carrément poussée hors du chemin, en disant : "Je viens de Londres, j'aimerais vous parler de Gillian Anderson et de son enfance. J'aimerais voir des photos, si vous avez un peu de temps à m'accorder." En fait, elle est toujours en ville, dans un hôtel quelconque, elle appelle tous les gens que nous avons connus. Elle est même allée au lycée, pour fouiller dans les dossiers scolaires. Dieu sait ce qu'elle y a trouvé ! »

Pendant le reste de la pause, Gillian Anderson a souvent fait le voyage entre Vancouver, Los Angeles et New York pour continuer à faire progresser une popularité déjà exceptionnelle en accordant des séances photos et des interviews. Tout en restant très discrète sur ses projets professionnels, elle a malgré tout avoué que le tournage du film de *X-Files* ne présente plus un intérêt aussi primordial qu'autrefois. « Personne ne m'en a jamais vraiment parlé, déclare-t-elle lors d'une conversation de 1996. En ce moment, j'ai des perspectives pour un ou deux films différents, alors, j'espère que le grand film *X-Files* se concrétisera avant que j'aie fait d'autres projets, sinon, on devra se passer de moi. »

10

ET LA GAGNANTE EST…

Le soleil se lève au-dessus des studios d'enregistrement de North Shores à Vancouver. Gillian n'entrerait pas dans le parking avant trois heures, mais déjà, on sentait vibrer les premiers signes de vie de la quatrième saison d'*Aux frontières du réel*. Les décorateurs s'appliquaient à modifier le bureau de Skinner et l'appartement de Mulder afin d'y ajouter les accessoires nécessaires à l'épisode d'ouverture, « *Herrenvolk*[1] ». On relisait les scénarios, on corrigeait les dialogues, et, à coups de crayon grossiers, on dessinait les grandes lignes des angles de prises de vues.

De retour d'un bref séjour à New York dont il avait profité pour aller voir sa mère et ses amis, David Duchovny entra dans le parking. Il ouvrit la porte et Blue, son chien fidèle, sauta dehors et fit le tour des lieux pour marquer son territoire. Gillian avec Piper et l'éternelle nounou arrivèrent peu après. A présent, la petite fille qui avait trois ans tenait sa maman par la main.

1. La quatrième saison n'ayant pas encore été diffusée, les titres français des nouveaux épisodes ne sont pas disponibles pour l'instant. *(N.d.T.)*

« J'ai beaucoup de chance de pouvoir emmener Piper avec moi, déclare Gillian. Piper a une très forte personnalité et elle s'adapte parfaitement aux éléments un peu sauvages de la série. » Elle se pencha et donna un baiser à sa fille avant de se diriger vers le plateau, où elle embrassa les membres de l'équipe et s'engagea dans d'aimables plaisanteries avec un enthousiasme qui faisait croire que la séparation avait duré beaucoup plus longtemps que ces deux mois d'interruption.

Ce ne sont pas que de vains bavardages. Il s'est passé beaucoup de choses pendant cette pause. Duchovny a tourné un long métrage, *Playing God*, dans lequel il interprète le rôle d'un médecin de la pègre. James Wong et Glenn Morgan, qui étaient partis à la fin de la seconde saison pour mieux gérer la fortune de leur propre création Space : *Above and Beyond*, ont malheureusement vu leur bébé être victime des faibles taux d'écoute. De retour, Wong et Morgan ont déjà à leur actif deux des premiers épisodes de la nouvelle saison. Finalement, *X-Files*, le film, dont on parlait tant devenait presque réalité. Chris Carter mettait la dernière main au scénario final pour un tournage prévu au printemps 1997. Carter précisait simplement que le film serait « un film d'épouvante fondé sur une histoire unique qui ne troublerait en rien le déroulement de la série ».

Gillian Anderson quant à elle parlait de la courte interruption en ces termes : « Je suis allée en Italie, en France, à Munich, à Bali, à Tahiti, à Los Angeles et à New York. C'était à mi-chemin entre des vacances et des voyages d'affaires. Je sais, apparemment, il n'y avait pas beaucoup de place pour le repos dans tout cela, mais, en fait, j'ai profité de toutes les occasions de me détendre. J'ai passé une semaine par-ci, une semaine par-là, sans accomplir le moindre travail. »

Au début de cette nouvelle saison, Gillian Anderson semblait connaître un regain d'énergie, car elle avait posé les jalons, qui, espérait-elle pleine de confiance, lui permettraient d'avoir plus d'occasions lors de la prochaine interruption. « J'adorerais tourner une comédie ! s'exclamait-elle. Si quelque chose comme cela se présentait, ou alors un petit rôle dans un grand film, je n'hésiterais pas un instant. »

Une partie de son enthousiasme était dû à la présence de Piper, qui continuait à représenter un centre d'intérêt constant et positif dans sa vie. L'actrice semblait avoir trouvé l'équilibre parfait entre sa carrière et sa vie de famille, et savoir que son rêve devenait enfin réalité lui donnait le sourire, même dans des conditions de tournage éprouvantes.

Gillian Anderson se réjouissait en particulier que les détails sur sa vie privée qui avaient été révélés publiquement pendant cette pause ne viennent pas interférer avec son statut de star montante. « Pour être franche, j'en suis au point où je n'ai plus envie d'entendre la moindre révélation sur mon passé, avouait-elle, sans doute un peu irritée par la petite révolution qu'avait provoquée l'interview accordée à *For Him Magazine*. Je n'ai dit que la vérité, tout a été monté en épingle, à un moment où je ne m'y attendais pas. Les gens n'arrêtent pas de m'interroger sur ma période punk. J'avais peut-être glissé une phrase ou deux à ce sujet, mais la presse en a fait des gorges chaudes et a centré des tas d'articles là-dessus. Et ce n'est pas forcément quelque chose sur quoi j'avais envie d'insister, même si j'y ai fait deux ou trois allusions. Je sais que cela peut intéresser certaines personnes, mais c'est de la vieille histoire après tout, maintenant, non ? Dans l'ensemble, ma vie professionnelle et ma vie personnelle restent bien séparées, et puis, il n'y a que le travail qui compte, et la nature de ce travail ne me laisse pas vraiment le temps de me consacrer à beaucoup d'autres choses. »

Au début de cette quatrième saison, *Aux frontières du réel* a nécessité beaucoup d'énergie et d'investissement personnel. Et l'actrice semble toujours un peu effrayée par le succès de la série. « Je ne sais pas vraiment ce qui s'est passé. Je ne comprends pas comment nous sommes arrivés jusque-là. Cela me sidère encore. Au début, on avait tous l'impression que l'aventure se terminerait après la première saison. Qu'on en soit à la quatrième, cela m'époustoufle toujours. »

En fait, ce succès avait des conséquences mitigées. Gillian Anderson reconnaissait apprécier la gloire, mais elle était un peu inquiète du prix que cette nouvelle notoriété lui faisait payer, car elle devait protéger sa vie privée avec une ténacité de bulldog. De plus, le travail était rude, et c'était éprouvant, physiquement et émotionnellement. Avec en outre une vie familiale à gérer, rien d'étonnant à ce que Gillian se sente parfois débordée. « C'est étrange, très étrange, dit-elle un jour en riant nerveusement sur le plateau, si étrange même que la situation m'échappe des mains. J'essaie simplement de l'accepter telle qu'elle est et de suivre le courant. Je suis disponible pour tout ce qui arrive, et j'évite de trop y penser après coup et de me laisser affecter sur un plan personnel. Le succès de la série est ce qu'il est, je le gère de mon mieux. »

Apparemment, l'été de gloire de Gillian Anderson, au cours duquel elle avait effectué cette fameuse tournée australienne, avait affiné sa conception de la célébrité et modifié ses réactions. D'après ses dernières observations, il semblait qu'elle agissait comme la grande professionnelle qu'elle était devenue. « Les contraintes qu'impose la célébrité sont intéressantes, dit-elle. A l'époque de ma grossesse, quand j'ai vraiment pris conscience du succès de la série, il me semblait que j'avais des responsabilités envers le public, que je devais tout faire pour ne pas le décevoir et pour continuer à tenir mon rôle, à un moment où j'en étais quasiment incapable à cause de mon état et des transformations hormonales qui s'opéraient dans mon corps. C'était la première fois que je ressentais une telle obligation. Les fans de *X-Files* n'ont pas envie de m'entendre me plaindre sans arrêt. Alors, j'essaie de garder un état d'esprit très positif. »

Avec le début de la nouvelle saison, on voyait fleurir une autre série de rumeurs, mais Gillian se contentait d'en rire en disant : « Mais d'où sortez-vous cela ? » D'après certains bruits, Mulder se ferait tuer et serait remplacé par un personnage sorti de la série télévisée *Babylon 5*. Pour d'autres, Mulder et Scully disparaîtraient tous les deux dans des circonstances mystérieuses, laissant la vedette à

Skinner, M. X, et aux Lone Gunmen. Carter, sans l'once d'une plaisanterie dans la voix, répondait : « Inutile de retenir votre souffle. Je n'ai jamais envisagé cette possibilité. Si un jour il en est question, je verrai bien, mais j'espère que ce moment n'arrivera jamais. »

Se prêtant au jeu des spéculations rampantes, l'actrice elle aussi proposait sa propre version d'un *X-Files* outrancier : « Ce serait drôlement bien si Skinner et Scully avaient une aventure amoureuse, dit-elle, moqueuse. Mais j'ai lu quelques interviews de Chris Carter où il affirme que cela n'arrivera jamais. Alors, je suppose qu'il sait ce qu'il dit. »

Carter, qui tient à garder le secret sur ses projets, n'hésite pourtant pas à affirmer, sourire aux lèvres : « Lors de cette nouvelle saison, Mulder voit quelque chose qu'il considère comme paranormal et Scully lui affirme qu'il se trompe, que c'est impossible. Et comme dans tous les bons épisodes de *X-Files*, cela posera plus de questions que cela ne donnera de réponses. »

Une autre rumeur aurait apparemment un peu plus de substance : David Duchovny aurait demandé à Carter de prévoir une petite amie pour le personnage qu'il incarne. Interrogé, Carter n'aurait pas rejeté la demande de l'acteur, mais Duchovny se met dans une colère folle : « Ce sont des âneries ! J'aimerais que le personnage ait une vie privée, et une relation amoureuse m'en offrirait la possibilité, mais cela fait peur à Chris, et il me rejette tout sur le dos. Je me vois mal en Frankenstein qui demande une fiancée ! »

Gillian Anderson semblait s'être accommodée des réalités et des contraintes de la série, mais pourtant, lors d'une interview de 1996, elle fit encore une gaffe mémorable. En décrivant les conditions de tournage d'*Aux frontières du réel*, elle déclara que cela ressemblait « à une condamnation à mort ».

Lors du même entretien, Gillian Anderson exprima ses inquiétudes, car elle se demandait combien de temps les épisodes pourraient conserver leur qualité si la série se prolongeait indéfiniment. « J'espère que cela ne va pas encore durer quatre ans. Il faut savoir combien de temps les auteurs tiendront avant de s'épuiser. Ils finiront bien un jour par ressortir de vieilles idées, et tout le monde comparera le nouvel épisode au précédent. J'espère qu'ils auront assez de bon sens pour arrêter avant que la source ne tarisse. »

Lorsque Chris Carter eut vent des propos de Gillian, il se sentit profondément blessé qu'elle ait comparé les tournages à « une condamnation à mort ». « J'étais bouleversé, reconnaît-il. Je l'ai appelée et je lui ai dit : "Ecoute, c'est la chance de notre vie. Je sais, le travail est dur, et tu as sûrement l'impression de sacrifier ta vie, mais si on raisonnait tous comme cela, autant mettre la clé sous la porte et laisser tomber." »

Gillian Anderson fit aussitôt marche arrière. « Ce n'était qu'une manière de plaisanter, sans plus, dit-elle, comme pour s'excuser. Et j'étais désolée d'avoir fait de la peine, alors, maintenant, je fais beaucoup plus attention à ce que je dis. »

On ne sait pas vraiment si les réprimandes de Carter empêchèrent l'actrice de s'exprimer franchement, mais, lors des entretiens suivants, tout en émaillant toujours ses propos d'une pointe d'humour, l'actrice se montrait effectivement plus prudente et moins spontanée.

A la suite de nouvelles négociations, le cachet de Gillian fut augmenté, en échange d'une prolongation de son contrat pour une durée de deux ans, et, très logiquement, un journaliste lui demanda si elle était prête à endosser le personnage de Scully pour aussi longtemps. De manière un peu curieuse, l'actrice lui répondit : « Je ne sais pas si quelqu'un le serait. Il faut prendre les années l'une après l'autre. »

« Je n'avais pas imaginé que la série puisse remporter autant de succès, dit Gillian. A présent, j'y suis habituée, matériellement et moralement, mais je n'arrive toujours pas à me représenter ce que nous deviendrons dans cinq ou six ans. Je n'arrive même pas à y penser, parce que cela me terrifie. »

Gillian, qui avait toujours été prompte à louer le talent et la créativité des auteurs est de plus en plus admirative. « Parfois, je lis le scénario, et je me demande : "Mais où sont-ils allés chercher tout cela. Et comment diable va-t-on s'en tirer ?" Mais on y arrive toujours, ce qui en dit long sur leur talent et leur imagination. »

« *Herrenvolk* », qui ouvre la quatrième saison, est plutôt un épisode consacré à Mulder. Lors du dernier épisode de la série précédente, l'agent rencontre sa sœur disparue depuis longtemps et va voir sa mère qui gît sur son lit de mort. Gillian Anderson n'avait droit qu'à un strapontin, à une scène avec Skinner et à pas mal d'allées et venues, pour tout point fort. Certains n'hésitaient pas à insinuer que Carter et les auteurs lui donnaient un coup de règle sur les doigts pour ses commentaires négatifs. Pourtant, Gillian eut bientôt l'occasion de rire de cette théorie et de renverser la tendance en vantant les vertus de tous les épisodes qu'on lui proposait. « Les scénarios continuent à proposer toute la gamme d'émotions que nos personnages peuvent exprimer. Cela demande de plus en plus d'investissement émotionnel et de travail technique de la part de l'acteur. »

Anderson avait un peu plus de choses à se mettre sous la dent pour le deuxième épisode de la saison, « *Home* », dans lequel Mulder et Scully, au cours d'une enquête sur des mutants dans une petite ville, ont une longue conversation sur leur propre passé familial et génétique. Mulder va jusqu'à faire quelques allusions aux futures maternités de Scully, l'appelant même un instant « maman ». Elle lui répond en lui adressant un regard intense qui révèle à la fois ses espoirs et ses rêves, tout en donnant un aperçu des véritables sentiments de Gillian en tant que mère.

Les journalistes continuaient à harceler Gillian de questions, qui lui faisaient regretter les jours paisibles des deux premières saisons. Après avoir épuisé toutes les spéculations possibles et imaginables sur une éventuelle histoire d'amour entre Mulder et Scully, ils s'intéressaient à présent à la durée de la série. « J'aimerais que cela continue aussi longtemps que ce sera nécessaire, répondait Gillian. Je suis sûre que, si cela tient jusque-là, les sixième et septième saisons seront époustouflantes. J'espère simplement que cela se terminera quand cela devra se terminer et qu'on ne poussera pas au-delà des limites. »

Entre-temps, lors du tournage de « *Unrhue* », une histoire trouble sur un psychopathe qui lobotomise les femmes à l'aide d'un pic à glace, Gillian Anderson doit affronter terreurs et frissons. Sous la direction de Rob Bowman, elle est capturée par le fou qui la tient à la merci de son bistouri alors que Mulder mène une course contre le temps pour la sauver. Cette épreuve fut très éprouvante pour l'actrice, qui prise après prise, devait passer de la terreur à une détermination absolue. Ce qui, en essence, englobe tout le personnage de Scully. « Je crois que le personnage a pris de la consistance, commente Gillian Anderson. Les scénarios lui permettent d'être très réelle et très crédible, ce qui signifie que je dois me montrer très forte, même si j'éprouve une véritable terreur. »

Lors des rares instants de répit que lui laissent les premières semaines d'un tournage effréné – les épisodes doivent être prêts pour le 4 octobre, jour de la grande présentation – , Gillian reste très discrète sur ce que va nous apporter la nouvelle saison, ne révélant que quelques détails destinés à nous allécher. « Il y aura certains dialogues entre Mulder et Scully auxquels il n'a même pas été fait allusion avant, dit-elle, tout sourires. Et nous avons tourné « *Home* », un épisode très étrange, bien plus bizarre encore que tout ce qu'on a vu. Il raconte l'histoire d'une drôle de famille dans une petite ville. Ils n'ont ni électricité ni chauffage, ils élèvent leur bétail, leurs cochons et leurs poules, et même leurs propres enfants. »

L'actrice évoque également, bien qu'en termes très vagues, ses projets d'avenir. Elle continue à affirmer que *X-Files*, le film, est toujours marqué d'un grand point d'interrogation, au mieux, et avoue qu'elle regarde des scénarios qui « l'emmèneront bien loin des *Frontières du réel* ».

Gillian Anderson est également revenue sur certains propos qui laissaient entendre qu'elle se lancerait un jour dans la production. « Je sais que j'en ai parlé, reconnaît-elle, mais cela ne m'intéresse plus vraiment. Pourtant, je suis toujours fascinée par l'aspect créatif. Mais à présent que j'ai trouvé un certain équilibre et que je dispose d'un peu plus de temps libre, je prends la peine de jeter quelques idées sur le papier. » En fait, cela va plus loin qu'une simple spéculation. Depuis, elle a proposé ses idées à Chris Carter qui a été suffisamment intéressé pour laisser place à quelques-unes d'entre elles dans un avenir proche.

« Les nominés pour la meilleure interprétation féminine de série dramatique sont : Kathy Baker pour *Picket Fences*, Christine Lahti pour *Chicago Hope*, Angela Lansbury pour *Murder She Wrote (Arabesque)*, Sherry Stringfield pour *ER*, et Gillian Anderson pour *X-Files*.

L'annonce des nominés pour les Emmys 1996 fut en fait un cadeau légèrement empoisonné pour la série qui obtint huit nominations, dont celle de la meilleure actrice et celle de la meilleure émission dramatique en particulier. Beaucoup furent déçus que Duchovny n'ait pas été proposé pour le titre de meilleur acteur, mais il faut reconnaître que c'est un domaine où la concurrence ne manque pas. Bien qu'il n'ait jamais accordé trop d'importance à ce genre de récompense, David Duchovny estime malgré tout que « c'est une omission embarrassante ». Carter, qui a toujours tout misé sur l'esprit d'équipe, trouve lui aussi que cette nomination eut des répercussions ambiguës. « J'étais désolé pour David, dit-il. Dans la série, on a déjà trop tendance à voir une compétition entre Gillian et David. Ce n'est pas comme cela que cela marche, mais, malheureusement, avec ce genre de nomination, on a tendance à monter en épingle des choses qui n'existent pas. »

Gillian Anderson accepta joyeusement la nouvelle, mais n'en perdit pas son sens de l'humour pour autant : « Maintenant, il va falloir que je m'entraîne au moins dix minutes par jour à dire : "C'est un grand honneur de figurer parmi les nominés." C'est vrai, on ne sait jamais quand la caméra est braquée sur soi ! Pour être parfaitement honnête, je pense que c'est Angela Lansbury qui le mérite le plus. Mais je vais préparer un petit texte que je glisserai dans ma manche, et avec un peu d'espoir il me servira pour les remerciements le jour de la cérémonie. Bon, soyons sérieuse, je suis ravie, c'est effectivement un grand honneur, mais finalement, il faudra continuer à travailler. »

Avec la perspective d'un Emmy qui se profilait à l'horizon, Gillian se sentait flattée, et elle plaisantait de bon cœur sur le sujet. Lors du tournage particulièrement délicat d'une scène avec Mitch Pileggi et de nombreux figurants, Gillian éprouvait des difficultés particulières avec un discours plus scientifique que jamais. Après un vingtième bafouillage indigne d'elle,

Pileggi se tourna vers les figurants et annonça sur un ton emphatique : « Mesdames, messieurs, ce numéro vous a été offert par Gillian Anderson, récemment nominée pour l'Emmy de la meilleure actrice ! » Anderson envoya une injure taquine en direction de Pileggi avant d'éclater de rire.

Au fur et à mesure que la quatrième saison avançait, contrairement à son partenaire qui n'acceptait que le minimum de campagne de promotion fixé par contrat, Gillian trouvait le temps de s'immerger dans le circuit des infovariétés télévisées. Elle fit une deuxième apparition à *The Late Show* de David Letterman où la classe naturelle de celle qui ne s'en laisse pas compter réduisit le pauvre animateur, bien connu pour sa paresse en ce qui concerne les recherches et l'accueil de l'invité, à une simple marionnette à court de propos. De plus, elle renvoya parfaitement la balle à la nouvelle reine du persiflage de ce genre d'émission, Rosie O'Donnel.

Gillian Anderson n'aurait pas pu être plus encensée par les médias, mais ses apparitions télévisées ravivèrent les derniers ragots : au bout de trois ans à peine, son mariage battait de l'aile. Par deux fois, tout le monde avait pu remarquer qu'elle ne portait plus son alliance. Et, même si elle ne cessait de répéter à chaque entretien qu'elle était très heureuse avec Clyde Klotz, Gillian avoua malgré tout, dans un moment de candeur, que son nouveau statut de star faisait peser d'énormes pressions sur son couple. « Il n'y a aucune raison pour qu'il en soit ainsi, mais c'est comme ça, et je n'y peux rien, dit-elle, visiblement irritée d'être toujours ainsi harcelée. D'ailleurs, dans les conditions actuelles, n'importe qui serait difficile à vivre à ma place. »

Comme souvent, cette ascension fulgurante de l'actrice lors du tournage de la quatrième saison fut accompagnée par un regain d'intérêt pour ses débuts. Hélas, ce n'est pas *The Turning* qui avait refait surface : un message sur Internet annonçait que *A Matter of Choice* était disponible en cassettes vidéo, avec la permission de William Davis, à raison de deux cent cinquante exemplaires, réservés aux premières commandes.

Même pour les fanatiques de *X-Files*, l'existence de ce film qui avait reçu un prix lors d'un festival de cinéma expérimental à Chicago en 1988 était une révélation totale, car, dans ses multiples interviews, jamais Gillian n'y avait fait la moindre allusion. On peut penser que si Gillian est fière de la qualité de sa performance d'actrice, son entourage lui a très certainement déconseillé de parler de ce film qui militait ouvertement pour le droit à l'avortement afin de ne pas choquer une partie de son public avec un sujet aussi épineux.

Au début septembre, le climat de la Californie est sans pitié pour ceux qui portent costume-cravate ou tailleur strict. Avec les derniers souffles de l'été, les températures atteignent souvent trente à trente-cinq degrés. Chaud, ce n'est pas le mot, étouffant serait plus adéquat.

Etouffante, telle est l'atmosphère qui règne dans la limousine dans laquelle Gillian Anderson quitte l'autoroute de Pasadena pour longer Colorado Boulevard avant de tourner à droite vers l'Auditorium de la ville où la cérémonie de remise des Emmys va commencer. La journée a été dure pour Gillian qui, après s'être rongée d'angoisse toute la nuit, est prête à craquer. Lorsque la limousine arrive à destination, les bavardages se réduisent à leur plus simple expression pour laisser place au silence.

La limousine s'arrête juste devant l'auditorium. A droite, le tapis rouge mène jusqu'à la grande salle. Dans une robe somptueuse, avec une coiffure sophistiquée qui ressemble bien peu à l'agent Scully, Gillian descend de voiture.

« Regardez ! C'est Gillian ! Gillian ! On t'aime ! Gillian ! Gillian ! Par ici ! »

Gillian Anderson regarde dans la direction de la tribune dressée de l'autre côté de la rue. Pris d'un accès de folie, des fans de tous les âges crient et hurlent à son arrivée. A présent, ce genre de phénomène n'est plus une nouveauté pour l'actrice, mais l'intensité de cette dévotion accentue encore sa nervosité. Tremblante, elle sourit aimablement à son public, mais son regard trahit une tout autre histoire.

Gillian Anderson est terrifiée au plus haut point. Elle entre dans l'auditorium et va s'asseoir aux premiers rangs. Elle essaie de se maîtriser, mais elle ne peut pas s'empêcher de tendre le cou lorsque George Clooney, Christine Lahti et d'autres vedettes entrent par l'aile opposée. Dans une autre vie, elle serait allée les voir pour leur demander un autographe. Mais, finalement, à présent, Gillian évolue avec eux, dans la cour des grands.

La cérémonie est ouverte et, rapidement, commence la valse des discours de remerciements, des regards surpris, et, si l'on est attentif, des visages heureux ou dépités des gagnants et des perdants. Au milieu du spectacle, Anderson est appelée en coulisse où elle rencontre son coprésentateur pour la remise d'un Emmy d'une autre catégorie.

Sur un fond musical en crescendo, Gillian entre sur scène. Visiblement nerveuse, les yeux écarquillés, la voix tremblante, elle regarde le téléprompteur sur lequel sont notés le texte d'introduction et le nom des nominés. Le gagnant est annoncé, et Gillian Anderson quitte la scène et retourne à sa place dans la salle. Elle se détend un peu mais continue à se tortiller maladroitement dans son fauteuil.

« Les nominés pour l'Emmy de la meilleure actrice sont... »

Les caméras se braquent sur le visage de Gillian lorsque l'on cite son nom. On sent son sourire tendu, mais on lit une expression confiante qui passe furtivement sur son visage. Elle croit avoir de bonnes chances de gagner.

« La gagnante est... Kathy Baker ! »

Un regard déçu assombrit un instant le visage de Gillian avant qu'elle se joigne aux applaudissements pour saluer la victoire de sa rivale.

Alors que les gens sortent peu à peu de l'auditorium, le soleil descend lentement à l'horizon. Après la remise des Emmys, Gillian Anderson a accordé quelques mots laconiques aux journalistes avant de retourner vers la limousine qui l'attend. La plupart des fans des tribunes sont partis avant le début des festivités, il ne reste plus qu'une poignée d'irréductibles.

« Gillian ! On t'aime. »

Gillian semble finalement détendue à présent, elle répond à ses fans avec un signe de main et un sourire chaleureux. Elle entre dans la voiture qui démarre immédiatement et roule vers l'autoroute pour conduire sa passagère de l'autre côté de la ville à une ou deux soirées données en l'honneur des

Emmys avant de la raccompagner à son hôtel. Elle n'a droit qu'à quelques heures de sommeil et, déjà, elle doit reprendre l'avion pour Vancouver où l'attend une autre journée de seize heures de tournage dans des conditions difficiles. Elle retourne à la série qui l'a fait sortir de l'ombre et a mis son nom sur toutes les lèvres, dans le monde entier. « Parfois, j'ai l'impression que cela n'en finira jamais. Ce n'est qu'en y réfléchissant mieux, en pensant au parcours des autres que je me rends compte que j'ai une chance inouïe. »

Gillian Anderson pense à son mari et à sa fille, alors que le ciel de Los Angeles s'obscurcit lentement. De nombreuses questions restent toujours sans réponses. Et personne n'a la moindre idée de ce qui se passera quand la série prendra fin. Pourtant, l'avenir semble radieux.

Non, Gillian n'a pas remporté l'Emmy, mais cette nuit-là, elle a tout du vainqueur.

Après trois ans de mariage, en janvier 1997, Gillian Anderson et Clyde Klotz annoncèrent officiellement leur séparation, à l'amiable. Le *Sun*, journal à sensation britannique, annonça que Klotz avait quitté le domicile conjugal de Vancouver dès octobre et s'était occupé de Piper pendant les vacances de Noël, alors que Gillian avait passé les fêtes de fin d'année à Londres, en compagnie d'un « jeune homme ».

11

QU'EST-CE QU'ELLE DIT, SCULLY ?

En trois ans, Gillian Anderson a donné quelques-uns des dialogues les plus drôles, les plus insolites qu'une série télévisée ait jamais produits. Voici un échantillon qui met en évidence l'esprit et la sagesse de l'agent Dana Scully. Le tout est cité en dehors de tout contexte, bien sûr.

Nous ne sommes pas seuls *(The X-Files)*

L'agent Mulder croit que nous ne sommes pas seuls. Toutes les réponses sont là, il suffit de savoir où les chercher.

Le temps ne peut pas disparaître ! C'est une variable universelle !

Si vous lui aviez montré une photo d'un hamburger volant, il vous aurait dit que c'était exactement ce qu'il avait vu !

Espace *(Space)*

C'est une fuite d'oxygène. Même moi, je peux m'imaginer ce qui se passera quand ils manqueront d'oxygène.

Compressions *(Squeeze)*

Ô mon Dieu ! Mulder ! Ça sent... Ça sent la bile...

Je suis impatiente de te voir retomber les pieds sur terre.

L'Église des miracles *(Miracle Man)*

Quelques dizaines de sauterelles, ce n'est pas exactement une plaie d'Egypte !

Ève *(Eve)*

Tu attends quelqu'un ?

Le Diable du New Jersey *(The Jersey Devil)*

Mulder ? C'est un abruti !

C'est pas difficile de comprendre pourquoi on t'a pris pour un clochard.

Mulder, contrairement à toi, j'aimerais avoir une vie.

Continue Mulder, et je t'arrache les yeux comme cette sauvage.

L'Ombre de la mort *(Shadows)*

Psychokinésie ? Tu veux dire que c'est comme ça que Carrie s'est vengée ?

Projet Arctique *(Ice)*

Mulder ! Tu n'es peut-être pas celui que tu crois.

L'Incendiaire *(Fire)*

Mulder, tu t'épanouis, comme une fleur.

Oh, c'est à cela que tu voulais en venir ?

Le Message *(Beyond the Sea)*

La dernière fois que tu étais aussi absorbé, tu lisais « Les informations vidéo pour adultes ».

Masculin-Féminin *(Genderbender)*

C'est ton portrait-robot de l'assassin ? Taille et corpulence moyennes, sexe indéterminé, sans arme, mais extrêmement séduisant ?

On ne peut pas écarter la possibilité que la personne qu'on cherche soit un travesti.

Vengeance d'outre-tombe *(Young at Heart)*

J'ai peur de te poser la question... Quel genre de main est-ce ?

Entité biologique extraterrestre *(E.B.E.)*

La vérité est ailleurs, mais les mensonges aussi.

Quand vient la nuit *(Darkness Falls)*

Oh, des parasites mangeurs de cervelle !

Le Retour de Tooms *(Tooms)*

Mulder, cela devient un peu sordide ici, tu ne trouves pas ?

Mon instinct me dit que plonger quelqu'un dans du ciment, c'est un meurtre.

Roland *(Roland)*

Là où le garçon est tombé dans les pommes ou quand le chien a mordu le batteur ?

A le voir, on dirait un hamburger.

Est-ce que ce truc va faire baisser le prix de mes appels interurbains ?

Les Hybrides *(The Erlenmeyer Flask)*

Si c'est du pipi de singe, je te laisse seul.

L'Hôte *(The Host)*

Tu préférerais peut-être que je te dise ce qu'on peut attraper avec un bon steak saignant ?

Mauvais Sang *(Blood)*

Mulder, j'avais tort. Le contact avec les insecticides rend effectivement paranoïaque.

Duane Barry *(Duane Barry)*

Non, je ne dirai rien tant que je ne pourrai pas parler à quelqu'un qui m'écoutera.

Le Fétichiste *(Irresistible)*

Il nous a fallu trois heures pour venir, et notre avion ne décolle pas avant demain matin.

La Main de l'enfer *(Die Hand Die Verletzt)*

Mulder ! Des grenouilles tombent du ciel !

Mystère vaudou *(Fresh Bones)*

J'espère que tu ne vas pas dire à Robin McAlpin qu'elle en a épousé un !

Je devrais peut-être les embrasser pour savoir lequel est Guitterez ?

Les Calusari ***(Calusari)***

Dommage que tu n'aies pas pris de photos. Tu pourrais les scanner, on reverrait toute la Cène sur ton ordinateur.

Ombres mortelles ***(Soft Light)***

Les mouvements répétitifs et inutiles sont souvent la marque de la maladie mentale.

Coup de foudre ***(D.P.O.)***

Tu veux l'accuser d'avoir agressé un téléphone mobile ?

Mulder ? Qu'est-ce que tu as dans la poche ?

Voyance par procuration ***(Clyde Bruckman's Final Repose)***

Excuse-moi, je ne voulais pas te communiquer d'énergie négative.

Souvenirs d'oubliettes ***(Oubliette)***

Ça m'ennuie de te le dire, Mulder, mais je crois que tu perds ta crédibilité.

Révélations ***(Revelations)***

Rends-moi service ! Tu voudrais bien sentir l'odeur de M. Jarvis ?

La Guerre des coprophages ***(War of the Coprophages)***

Je ne vais pas te demander si tu viens de dire ce que j'ai cru t'entendre dire, parce que je sais parfaitement ce que tu as dit.

Elle s'appelle Bambi ?

12

GILLIAN EN RÉSEAU

Gillian est devenue la coqueluche des autoroutes de l'information. C'est une grande figure d'Internet où circulent rumeurs, spéculations, fantasmes, et où s'expriment tous les adorateurs de sa personne physique ou intellectuelle. Et dans l'ensemble, c'est l'unique forme d'adulation dont Gillian soit satisfaite. « Je suis flattée que les gens qui aiment Scully soient des passionnés de l'informatique, dit-elle. Et puis, cela m'évite de recevoir des milliers de lettres me disant : « Oh, comme vous êtes belle, je veux vous épouser, j'ai envie de vous voir nue... Oh, bien sûr, il y a des messages de ce type sur le réseau, mais les gens qui s'intéressent à l'informatique ont tendance à être plus intelligents. »

A présent que vous savez tout ou presque, j'aimerais vous recommander quelques sites qui vous feront suivre d'heure en heure l'odyssée de la grande charmeuse d'*Aux frontières du réel*.

The X-Files Forum

Tapez *X-Files* et cliquez sur la mystérieuse silhouette qui figure sous la phrase « *Trust no One* », ne faites confiance à personne, et vous entrerez en contact avec une centaine de sites de discussions où l'on apprend toutes sortes de rumeurs sur *X-Files* et Gillian Anderson, et où se mêlent abondamment faits et fantaisies, espoirs et réflexions. Mais, ce forum va au-delà des simples bavardages. On y trouve également des archives sur la série, des chroniques, des photos de Gillian Anderson et des interviews accordées à des magazines ou à la télévision.

La page Gillian Anderson

The Gillian Anderson Home Page offre une belle introduction au phénomène Gillian Anderson, donne les réponses aux questions souvent posées, des interviews de magazines, des transcriptions d'entretiens radiophoniques tout en permettant de passer sur les autres sites consacrés à l'actrice.

http://duggy.extern.ucsd.edu/%7
elinny/Gillian.html

Une autre page...

(Aka Mulder... it's me...)

Sans aucun doute la meilleure page sur Gillian Anderson du net ! Cette rubrique, constamment remise à jour, offre des interviews, des transcriptions et des articles, des extraits de bandes sonores, ainsi que d'autres informations sur Gillian Anderson et des photos. J'y ai trouvé des articles quarante-huit heures après leur publication officielle dans la presse. Si vous êtes absolument « accro » à votre dose quotidienne, c'est là qu'il faut aller !

http://cygnus.rsabbs.com/kwitzig/gillian.html

La Gillian Anderson Testosterone Brigade

Bien qu'on y fasse parfois allusion à son intelligence, c'est surtout au corps de Gillian que ce site essentiellement masculin s'intéresse. Les messages vont de l'adulation totale à la franche vulgarité.

http://www.bchs.uh.edu/=ecantu/GATB

La galerie de photos

Festival pour les yeux, cette extravagance de photographies offre plus de deux cents clichés scannés et montre Gillian aux différents stades de sa carrière.

http://www;proxy.aol.com

L'île secrète

Il était inévitable qu'un des sites se penche sur les aspects plus bébêtes des *X-Files* et du phénomène Gillian Anderson. On trouve là quelques bandes sonores hilarantes, des interviews officieuses et un épisode *X-Files* spécial Noël avec les voix de Gillian et de David Duchovny.

http://www.blarg.net/miri/fx/ga/rweed/scully=page.html

Diaporama

Une histoire rigoureuse de Gillian en images, avec une narration auditive très bien documentée, qui, entre autres, démonte la rumeur sur les prétendues photos de nu de Gillian dont on parle tant sur Internet.

http://home.earthlink.net

Allez Gillian !

Certaines anciennes camarades de classe de Gillian auraient monté ce site consacré à ses années d'enfance. Beaucoup de citations qui parlent de sa jeunesse et de son adolescence tourmentée.

http://shoga.wwa.com/=phlash/goga.html

L'Église de l'immaculée Gillian

La dérision dans toute sa splendeur. Visitez le temple Gillian. Lisez un sermon. Faites un sacrifice. Amusez-vous bien.

http://www.hway.net/ggc/cig.html

La Gillian Anderson Estrogen Brigade

Revers de la médaille de la Testosterone Brigade, ce site offre un forum pour les admiratrices de Gillian qui ont d'autres motivations que leurs collègues masculins.

http://207.86.129.202/gaeb/

Le fan-club de Gillian Anderson

Les adeptes de ce site aiment Gillian pour ses talents d'actrice tout autant que pour ses qualités de mère et d'épouse. Toutes les louanges, quelles que soient leurs raisons, trouvent leur place ici.

http://www.cyberbeach.net/jonmg/GA/GAGA.html

Cinéma

Livre après livre, film après film, J'ai lu édifie l'étonnante bibliothèque du cinéma.
Les titres sont présentés par ordre alphabétique.

A l'épreuve du feu
DUNCAN 4285/4 Inédit
Adieu ma concubine
LEE 3633/4
Alien
FOSTER 1115/3
AlienS
FOSTER 2105/4 Inédit
Alien 3
FOSTER 3294/4 Inédit
Amour et confusions
CHOUCHAN 4356/4 Inédit
Angie
WING 3829/3 Inédit
Au-delà des lois
HOLZER 4242/5 Inédit
Beignets de tomates vertes
FLAGG 3315/7 Inédit
Big night
TROPIANO 4433/4 Inédit
Blade runner
DICK 1768/3 Illustré
Carrie
KING 835/3
Christine
KING 1866/4
Cœur de Dragon
POGUE 4287/4 Inédit
Créatures féroces
JOHNSTONE 4384/4 Inédit
Crossing guard
RABE 4072/5 Inédit
2001 l'odyssée de l'espace
CLARKE 349/2
2010 : odyssée deux
CLARKE 1721/4
Danse avec les loups
BLAKE 2958/4 Inédit
Dracula
STOKER 3402/6
Elisa
FERNANDEZ-RÉCATALA 3980/4 Illustré
Excès de confiance
ELLISON 4245/3 Inédit
Fantômes contre fantômes
JAHN 4383/4 Inédit
Farinelli
CORBIAU 3955/3
Forest Gump
GROOM 3816/4
Frankenstein
SHELLEY 3567/3
Golden Girl (The story of Jessica Savitch)
NASH 4241/6 Inédit
Independence Day
DEVLIN & EMMERICH 4288/5 Inédit
Independence Day Junior
DEVLIN & EMMERICH 4357/3 Inédit
J'étais empereur de Chine
PU-YI 2327/6
JFK
GARRISON 3267/5
JF partagerait appartement
LUTZ 3335/4 Inédit
Johnny Mnemonic
BISSON 4079/4 Inédit
Jonathan Livingston le goéland
BACH 1562/1 Illustré
Junior
FLEISCHER 3876/3
Kramer contre Kramer
CORMAN 1044/3
L'accompagnatrice
BERBEROVA 3362/4
L'année de l'éveil
JULIET 2866/3
L'été en pente douce
PELOT 3249/3
L'exorciste
BLATTY 630/4
L'Ombre et la Proie
GRAM 4418/4 Inédit
La couleur pourpre
WALKER 2123/3
La lectrice
JEAN 2510/1
La liste de Schindler
KENEALLY 2316/6
La machine
BELLETTO 3080/6
Lancelot, le premier chevalier
CHADWICK 4030/4 Inédit
Le club de la chance
TAN 3589/4
Le club des ex
GOLDSMITH 3502/7
Le dernier des Mohicans
COOPER 2990/5
Le fugitif
DILLARD 3585/4 Inédit
Le Magicien d'Oz
BAUM 1652/1
Le prix du danger
SHECKLEY 1474/3
Le Saint
BARER 4464/4
Le temps de l'innocence
WHARTON 3393/5
Les 39 marches
BUCHAN 1862/2
Les anges gardiens
FERDJOUKH 4204/2
Les nuits fauves
COLLARD 2993/3
Les quatre filles du Dr March
ALCOTT 3877/3

Cinéma

Les Sœurs Soleil
CHOUCHAN 4430/4 Inédit

Les victimes
BOILEAU-NARCEJAC 1429/2

Little Big Man
BERGER 3281/8

Love story
SEGAL 412/1

Milliardaire malgré lui
SUNSHINE 3831/4 Inédit

Misery
KING 3112/6

Noir comme le souvenir
THOMPSON 3404/5

Où sont les hommes ?
McMILLAN 4037/8

Peter Pan
BARRIE 3174/2

Peur bleue
KING 1999/3 Inédit

Peur primale
DIEHL 4247/6

Présumé innocent
TUROW 2787/7

Pulsions
DEPALMA 1198/3

Rencontres
du troisième type
SPIELBERG 947/3

Richard au pays
des livres magiques
STRASSER 3875/4

Running Man
KING 2694/3

Safe passage
BACHE 4303/4 Inédit

Sauvez Willy
HOROWITZ 3627/4 Illustré

Sauvez Willy - 2
HOROWITZ 4078/4 Illustré

Shining
KING 1197/6

Star Trek
RODDENBERRY 1071/3

Stargate
DEVLIN & EMMERICH
3870/6 Illustré

Striptease
HIAASEN 4284/6

37°2 le matin
DJIAN 1951/4

The Player
TOLKIN 3483/3

The shadow
LUCENO 3830/4 Inédit

Un beau jour...
GILMOUR 4517/4 Inédit

Un bébé
pour Rosemary
LEVIN 342/4

Un Indien dans la ville
LENABOUR 3979/3

Une brève histoire
du temps
HAWKING 3361/3

Une journée en enfer
CHIEL 4031/3 Inédit

TV

Retrouvez, dans la collection J'ai lu, les meilleurs feuilletons du petit écran.

Angela, 15 ans
CLARK 4387/3 Inédit

Beverly Hills
- 90210
GILDEN 3637/4
Inédit Illustré
- Pas de secrets
GILDEN 3638/4
Inédit Illustré
- Vacances au Beach Club
GILDEN 3716/4
Inédit Illustré
- Rendez-vous dans dix ans
SMITH 3717/4
- Frères ennemis
GILDEN 3860/4
Inédit Illustré
- A cœurs perdus
GILDEN 3861/4
Inédit Illustré
- Nuages à l'horizon
GILDEN 3958/4
Inédit Illustré
- Des plans d'enfer
GILDEN 3959/4
Inédit Illustré
- Vacances torrides
GILDEN 4081/4
Inédit Illustré
- Dernière année !
GILDEN 4082/4
Inédit Illustré
- A chacun son truc
GILDEN 4164/4

Code Quantum
Ayant pénétré dans un accélérateur de particules, Sam Beckett, brillant ingénieur en physique atomique, est projeté dans le passé.
- Prélude
McCONNELL 4235/3 Inédit
- Pilote
ROBITAILLE 4236/3 Inédit
- Le mur
McCONNELL 4237/3 Inédit
- Le fantôme et le détective
ROBITAILLE 4290/3 Inédit
- Le jugement du fléau
RAWN 4330/3 Inédit

Dallas
RAINTREE 1324/5

Julie Lescaut
- Tableau noir
ARNAUD 4084/3
- Charité bien ordonnée
ARNAUD 4469/3

Le Château des Oliviers
HÉBRARD 3677/7

Les oiseaux se cachent pour mourir
McCULLOUGH 1021/4
& 1022/4

Lois et Clark
CHERRYH 4456/5 Inédit

La saga de Jalna
GALLINARO 4069/5

Les yeux d'Hélène
JAUBERT & SILBERT 3992/4

Max Glick
TORGOV Morley 3855/3

Melrose Place
Ceux qui y vivent affrontent les problèmes du monde moderne, tout en s'efforçant de réaliser leurs rêves. Une histoire d'amitié, et parfois d'amour...
- Faut pas flipper
JAMES 3882/4
Inédit Illustré
- On croit rêver
JAMES 4032/4
- Pour une nuit ou pour la vie
JAMES 4122/4
Inédit Illustré
- Ma très chère sœur...
MOORE 4264/4
Inédit Illustré
- Amanda
MOORE 4442/4
Inédit Illustré

Navarro
- Froid devant
ARKEN 4123/3
- Les enfants de nulle part
ARKEN 4413/3

Space 2063
TELEP 4417/4
Inédit

Terre indigo
BOURDIN 4382/5
Illustré

X-Files

Aux frontières du réel

Au FBI, un service spécialisé traite les affaires comportant des éléments paranormaux. À sa tête, Mulder, assisté de la jolie Scully... Les héros d'une série-culte.

Les romans originaux

- Les Gobelins
GRANT 4099/3 Inédit

- Tornade
GRANT 4239/3 Inédit

- Point zéro
ANDERSON 4252/3 Inédit

- Ruines
ANDERSON 4363/4 Inédit

Les épisodes de la série TV

- Nous ne sommes pas seuls
MARTIN 4344/2 Inédit

- Quand vient la nuit...
MARTIN 4345/2 Inédit

- Parole de singe
MARTIN 4346/2 Inédit

- Compresssions
STEIBER 4347/2 Inédit

- Faux frères siamois
MARTIN 4348/2 Inédit

- Métamorphoses
STEIBER 4349/2 Inédit

- Mauvais sang
MARTIN 4358/2 Inédit

- Coup de foudre
ROYCE 4359/2 inédit

- Entité Biologique Extraterrestre
MARTIN 4527/2 Inédit

- La guerre des copro-phages
MARTIN 4528/2 Inédit

Science-Fiction

Depuis 1970, J'ai lu explore les vastes territoires de la Science-Fiction pour mettre à la portée d'un très vaste public des chefs-d'œuvre méconnus. De la hard science à l'heroic fantasy, des auteurs classiques à l'avant-garde cyberpunk, des maîtres américains à la nouvelle génération des auteurs français, tous les genres sont représentés sous la désormais célèbre couverture argent et violet.

ISAAC ASIMOV

Auteur majeur de la S-F américaine, Isaac Asimov est né en Russie. Naturalisé américain, il fait des études de chimie et de biologie, tout en écrivant des romans et des nouvelles qui deviendront des best-sellers. Avec les robots, il trouve son principal thème d'inspiration.

Les cavernes d'acier
404/4
Les cavernes d'acier sont les villes souterraines du futur, peuplées d'humains qui n'ont jamais vu le soleil. Dans cet univers infernal, un homme et un robot s'affrontent.

Les robots
453/3

Face aux feux du soleil
468/3

Tyrann
484/3

Un défilé de robots
542/3

Cailloux dans le ciel
552/3

Les robots de l'aube
1602/3 & 1603/3

Le voyage fantastique
1635/3

Les robots et l'empire
1996/4 & 1997/4

Espace vital
2055/3

Asimov parallèle
2277/4 Inédit

Le robot qui rêvait
2388/7

Robots et extraterrestres
- Le renégat
3094/6 Inédit
Une nouvelle grande série sous la direction du créateur de l'univers des robots. Naufragé dans un monde sauvage peuplé de créatures-loups, Derec affronte un robot rebelle.
- L'intrus
3185/6 Inédit
Deuxième volet d'une série passionnante, par deux jeunes talents de la S-F parrainés par Asimov.
- Humanité
3290/6 Inédit

La cité des robots
- La cité des robots
2573/6 Inédit
- Cyborg
2875/6
- Refuge
2975/6

La trilogie de Caliban
- Le robot Caliban
3503/6
- Inferno
3799/5 Inédit
- Utopia
4304/6 Inédit

Robots temporels
- L'âge des dinosaures
3473/6 Inédit (Par F. WU)
- Le guerrier
- Le dictateur
4048/7 Inédit (Par F. WU)
- L'empereur
- L'envahisseur
4177/7 Inédit (Par F. WU)
- I, robot
4403/5 Inédit

ANDERSON Poul

La reine de l'Air et des Ténèbres
1268/3

La patrouille du temps
1409/3

ATWOOD Margaret

La servante écarlate
2781/5

AYERDHAL

L'histrion
3526/6 Inédit

Balade choreïale
3731/5 Inédit

Sexomorphoses
3821/6 Inédit

Genèses
4279/5

Parleur
4317/10 Inédit
Le premier ouvrage de Fantasy de l'auteur. Parleur, le héros, découvrant la misère qui règne dans une petite ville médiévale, incite les habitants à s'enclaver pour échapper à la dictature royale.

BALLARD J.G.

Le monde englouti
2667/3

BELLETTO René

Le temps mort
4095/4

BISSON

Johnny Mnemonic
4079/4

Science-Fiction

BLAYLOCK James
Reliques de la nuit
4049/8 Inédit FANTASY

BLISH James
Semailles humaines
752/3

BRIN David
Marée stellaire
1981/6 Inédit
Le facteur
2261/5 Inédit
Elévation
2552/5 & 2553/5 Inédit Prix Hugo
Rédemption
4457/6 & 4458/6 Inédit

BROOKS Terry
Le glaive de Shannara
3331/8 Inédit FANTASY
Après la dernière guerre des races, les habitants des Quatre Terres sont parvenus à reconstruire une civilisation. Mais les forces du Mal veillent et, pour empêcher un nouveau désastre, Shea doit s'emparer du glaive de Shannara.
Les pierres des elfes de Shannara
3547/7 Inédit FANTASY
L'enchantement de Shannara
3732/8 Inédit FANTASY
Royaume magique à vendre !
- Royaume magique à vendre !
3667/6 FANTASY
- La licorne noire
4096/5 Inédit FANTASY
- Le Spectre et le Sort
4277/5 Inédit FANTASY

BUTLER Octavia E.
La parabole du semeur
3948/6 Inédit

CADIGAN Pat
Mise en abyme
4134/5 Inédit

CANAL Richard
Swap-Swap
2836/3 Inédit
Ombres blanches
3455/4 Inédit
Aube noire
3669/5 Inédit
Le cimetière des papillons
3908/4 Inédit
La malédiction de l'éphémère
4156/4
Les paradis piégés
4483/5 Inédit

CARD Orson Scott
Abyss
2657/4
La stratégie Ender
3781/5 Prix Hugo
La voix des morts
3848/6 Prix Hugo
Xénocide
4024/8
Troisième volume des aventures d'Ender le Stratège, surnommé la Voix des Morts. Un virus mortel menace les humains qui ont colonisé la planète Lusitania. Mais le détruire revient à anéantir les indigènes, pour la reproduction desquels ce virus est indispensable. Ender parviendra-t-il à éviter un nouveau xénocide ?

CARROLL Jonathan
Le pays du fou rire
2450/4

CHERRYH C.J.
Hestia
1183/3
Chasseurs de mondes
1280/4
Les adieux du soleil
1354/3
Les seigneurs de l'Hydre
1420/4 Inédit
Chanur
1475/4 Inédit
L'opéra de l'espace
1563/3 Inédit
La pierre de rêve
1738/3
L'épopée de Chanur
2104/4 Inédit
La vengeance de Chanur
2289/4 Inédit
L'œuf du coucou
2307/3
Le retour de Chanur
2609/7 Inédit
Cyteen
2935/6 & 2936/6 Inédit Prix Hugo
Politicienne habile, Ariane Emory vise l'immortalité, l'apanage des dieux, pour mener à bien ses projets.
Volte-face
3144/5 Inédit
Forteresse des étoiles
3330/7 Prix Hugo
Temps fort
3417/7 Inédit
Les portes d'Ivrel
3631/4 FANTASY
L'héritage de Chanur
3468/8 Inédit
Le puits de Shiuan
3688/5 Inédit FANTASY
Les feux d'Azeroth
3800/4 Inédit FANTASY
La porte de l'exil
3871/8 Inédit
Les chants du néant
4155/7 Inédit
La citadelle noire
4404/6 Inédit
Lois & Clark
4456/5 Inédit

Arthur C. Clarke

Né en 1917 en Angleterre, Arthur C. Clarke vit depuis de nombreuses années à Ceylan. Cet ancien président de l'Association interplanétaire anglaise, également membre distingué de l'Académie astronautique, a écrit une cinquantaine d'ouvrages, dont certains sont devenus des classiques de la Science-Fiction.

2001 : l'odyssée de l'espace
349/2
Quelque part, du côté d'un satellite de Saturne, une source inconnue émet des radiations d'une extraordinaire puissance. Une mission secrète va entraîner Explorateur I et son équipage aux confins du cosmos, leur permettant de percer le mystère des origines de la vie.

2010 : odyssée deux
1721/4

2061 : odyssée trois
3075/3

Les enfants d'Icare
799/3
L'astronef s'était posé sur Terre sans que nul s'en aperçoive et, maintenant, ses occupants imposaient leur volonté aux hommes. L'existence de l'humanité n'était-elle pas menacée ?

Avant l'Eden
830/4

Terre, planète impériale
904/4

L'étoile
966/3

Les fontaines du Paradis
1304/4

Les chants de la Terre lointaine
2262/4

Le marteau de Dieu
3973/3

Base Vénus *(avec Paul Prews)*
Lorsqu'elle reprend conscience, Sparta s'aperçoit que trois ans de son existence ont totalement disparu de sa mémoire. Plus troublant encore : elle se découvre d'étranges pouvoirs. Comme si son corps et ses perceptions avaient été reconfigurés... A la recherche de son passé, Sparta rejoint alors l'orbite de Vénus.

- Point de rupture
2668/4 Inédit

- Maelström
2679/4 Inédit

- Cache-cache
3006/4 Inédit

- Méduse
3224/4 Inédit

- La lune de diamant
3350/4 Inédit

- Les lumineux
3379/4 Inédit

Rendez-vous avec Rama
1047/3

Rama II
3204/7 Inédit *(avec Gentry Lee)*

Les jardins de Rama
3619/6 Inédit *(avec Gentry Lee)*
Lorsque Rama II, l'astronef d'origine extraterrestre, quitte le système solaire, il emporte à son bord trois humains, dont la mission est de reconstituer une colonie, loin de leur planète d'origine. Mais l'entreprise va s'avérer périlleuse.

Rama révélé
3850/8 Inédit *(avec Gentry Lee)*
Suite et fin du cycle de Rama. Arthur Clarke livre ici une explication exhaustive et surprenante de la création de l'univers.

La Terre est un berceau
3565/7 *(avec Gentry Lee)*

Science-Fiction

COCHRAN & MURPHY
Le maître de l'éternité
3814/9 inédit

CURVAL PHILIPPE
Le ressac de l'espace
3814/9 Inédit FANTASY

DEMUTH MICHEL
Les Galaxiales- 1
693/4

DEVLIN DEAN & EMMERICH ROLAND
Stargate
3870/6 Inédit
Independence Day
4288/5 Inédit

DICK PHILIP K.
Dr Bloodmoney
563/4
Le maître du Haut Château
567/4
En 1947, les Alliés capitulent. Hitler impose sa tyrannie à l'est des Etats-Unis, les Japonais s'emparent de l'ouest. Cependant une étrange rumeur circule : un homme vivant dans un Haut Château a écrit un livre racontant la victoire des Alliés en 1945.
A rebrousse-temps
613/3
Les clans de la lune alphane
879/3
L'homme doré
1291/3
Le dieu venu du Centaure
1379/3
Le message de Frolix 8
1708/3
Blade Runner
1768/3
Un Blade Runner, c'est un tueur chargé d'éliminer les androïdes qui s'infiltrent sur Terre...
Le temps désarticulé
4133/3
Aux États-Unis, dans les années cinquante, Ragle Gumm, qui mène une existence paisible dans une petite ville, vit une expérience troublante : la réalité commence à se disloquer autour de lui...

DICK & NELSON
Les machines à illusions
1067/3

DICKSON GORDON R.
Le dragon et le georges
3208/4 Inédit FANTASY
Le Chevalier Dragon
3418/7 Inédit FANTASY

FARMER PHILIP JOSÉ
Les amants étrangers
537/3
L'univers à l'envers
581/2
Des rapports étranges
712/3
La nuit de la lumière
885/3
Le soleil obscur
1257/4

FOSTER ALAN DEAN
Alien
1115/3
Le Nostromo vogue vers la Terre, encore lointaine, lorsque le Cerveau Central réveille l'équipage en hibernation. Il a capté un appel de détresse, en provenance d'un astéroïde mystérieux. Trois navigateurs se portent volontaires. Mais lorsque le Nostromo reprend sa route, il emporte un nouveau passager. La mort a pénétré dans l'astronef.
AlienS
2105/4 Inédit
Alien 3
3294/4 Inédit

GALOUYE DANIEL F.
Simulacron 3
778/2

GIBSON WILLIAM
Neuromancien
2325/4 Prix Hugo
Dans une société future hypertechnologique, dominée par les ordinateurs, un homme se perd dans le cyberspace.
Comte Zéro
2483/4
Mona Lisa s'éclate
2735/4
Gravé sur chrome
2940/3
Lumière virtuelle
3891/6 Inédit
San Francisco, en 2005. Un monde pas très différent du nôtre, rongé par la drogue, le sida et la corruption. Chevette y est coursière à vélo. Lorsqu'elle pique ce qu'elle croit être de simples lunettes de soleil dans la poche d'un autre coursier, elle ne se doute pas des ennuis qu'elle va s'attirer...

HABER KAREN
Super-mutant
3187/4 Inédit
L'étoile des mutants
3475/5 Inédit
L'héritage du mutant
3813/4 Inédit
La fille sans ombre
4377/5 Inédit

HALDEMAN JOE
La guerre éternelle
1769/3

HAMILTON EDMOND
Les rois des étoiles
432/4
Le retour aux étoiles
490/4

4573

Réalisation Zaos
Achevé d'imprimer en Europe (France)
par Brodard et Taupin à La Flèche (Sarthe)
le 18 août 1997. 6176S
Dépôt légal août 1997. ISBN 2-290-04573-X
Éditions J'ai lu
84, rue de Grenelle, 75007 Paris
Diffusion France et étranger : Flammarion